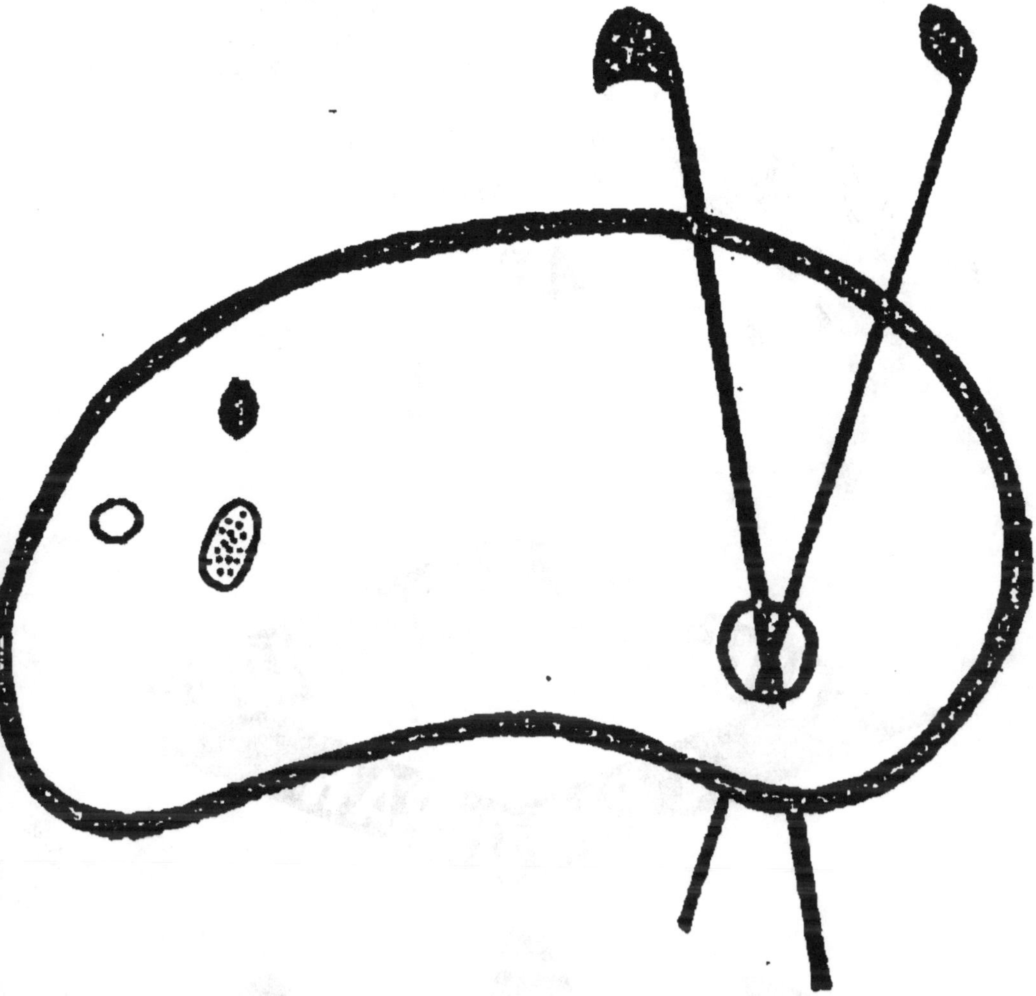

**COUVERTURE SUPERIEURE ET INFERIEURE
EN COULEUR**

AUX

SUITE DES EXCURSIONS A PIED PAR

JAM

PAU, LIBRAIRIE A. LAFON, RUE HENRI IV.
EAUX-BONNES, LIBRAIRIE A. LAFON,
Établissement Thermal
et chez les principaux Libraires.

GUIDE

DE

PAU AUX EAUX-BONNES.

SUITE

DES

EXCURSIONS A PIED,

PAR

JAM.

PAU,
IMPRIMERIE É. VIGNANCOUR.

1869.

PRÉFACE.

Je dois, sans doute, au motif qui m'a inspiré, le modeste succès de la première série des *excursions à pied* ; mais puisqu'il m'a permis d'atteindre le but que je m'étais proposé, il y aurait de ma part une sorte d'ingratitude, à ne pas en témoigner ma reconnaissance.

J'avais besoin d'une grande indulgence; car je ne me dissimule pas les imperfections de ce travail : j'y ai été entraîné presque malgré moi, et avec une rapidité dont je ne me doutais pas. Il en est résulté des inexactitudes : ainsi, dans une certaine quantité d'exemplaires qui n'ont pas été corrigés à temps, le *lithospermum Gastoni* nommé par *Bentham*, a été attribué à *Dufour*, et quelques noms de plantes ont été écorchés ou pris dans des auteurs un peu anciens. J'avais cependant bien averti mes lecteurs, que je n'étais ni botaniste ni naturaliste; malheureusement, on m'a pris trop au sérieux, et le guide des Eaux-Bonnes, au lieu de n'être lu que par les enfants auxquels je m'adressais, a passé au laminoir de la science, d'où il aurait pu sortir encore plus maltraité.

Aujourd'hui, je fais précéder cette *suite des excursions à pied*, d'un itinéraire de PAU AUX EAUX-BONNES. On y trouvera, en outre, tous les renseignements nécessaires à ceux que le plaisir ou des préoccupations plus sérieuses attirent à cette station thermale.

Je maintiens ma dédicace à mes jeunes amis; mais pour donner un intérêt particulier aux herborisations et les rendre dignes de l'attention qu'elles ont attirée, j'ai suivi les classifications de Grenier et Godron, qui sont dans ce moment généralement reconnues en botanique ; ayant soin de joindre à la désignation de chaque plante les initiales de l'auteur qui l'a nommée.

Quant à l'histoire naturelle, je professe une indépendance complète ! Il serait d'ailleurs bien fastidieux, en de tels récits, d'entrer dans des détails ardus de classifications pour lesquelles chaque auteur a des idées nouvelles et des noms nouveaux. Ce que je dis, je l'ai vu ; je ne suis qu'un chasseur qui raconte ses impressions, évitant, autant qu'il est donné à la nature humaine, de mériter l'épithète que l'on applique si volontiers aux disciples de St-Hubert.

On m'a reproché de ne pas donner assez de détails pour les chemins à suivre dans les petites excursions qui ne nécessitent pas un guide ?

Je mourrai dans l'impénitence finale ; car j'admettrais plutôt la critique contraire. Je serais illisible si je descendais dans de plus minutieuses indications, et ce serait faire injure à l'intelligence de mes lecteurs.

J'ajouterai seulement quelques conseils.....

Si, lorsqu'on franchit les pentes de gazon ou de neige,

l'instinct dit de porter le bâton en avant pour éviter de tomber dans le vide; l'expérience conseille le contraire. Quelque longue que soit *cette troisième et indispensable jambe*, elle peut, si elle marche la première, rencontrer un trou et se trouver trop courte; alors vous passez par dessus pour aller vous briser je ne sais où. D'autrefois, en descendant très-rapidement, la pointe du *bourdon* se prend dans une fente, la main n'a pas le temps de diriger le manche, de l'écarter, et si on a le bonheur de ne pas s'empâler, on risque au moins de se défoncer l'estomac. Vous éviterez tout cela en tenant votre bâton *en arrière*, appuyez fortement dessus et inclinez le corps sur le côté : que vous marchiez, que vous couriez ou que vous glissiez, il ne doit pas quitter le sol qu'il laboure comme un soc de charrue.

C'est une mécanique qui sert à enrayer.

Pour passer sur les névés et surtout sur les glaciers, il est indispensable, d'avoir à ses souliers, de bons clous d'acier à têtes quarrées, *vissés* dans la semelle ; et sur les côtés, d'autres clous à longues pointes, qui, ayant traversé tout le cuir, sont recourbés et *rivés en dessus*. Avec cette chaussure, vous n'aurez besoin ni d'espadrilles, ni de crampons. Cependant, si vous devez traverser de vrais glaciers, portez à la ceinture la hache du montagnard ; elle est légère, et après avoir taillé les marches qui assureront vos pas sur les plans inclinés, elle fendra le sapin qui doit vous sécher au *Courtaou*. (1)

On me pardonnera de dire un mot de mes *imprudences* ....
Père de famille, ce reproche m'a été au cœur !

Je sais qu'on peut élever ses enfants avec les soins les

---

(1) Cabane des pasteurs du Couserans.

plus tendres, comme s'ils devaient toujours dormir dans leur duvet. Mais en écartant toute activité sous prétexte d'en éviter les dangers, la vie n'est plus la vie ; c'est un laisser aller dans lequel l'intelligence n'a même pas à se préoccuper du présent. Tout vient à point jusqu'au jour où, parce que la carrière est ouverte, parce qu'un mariage vient arracher nos enfants quelquefois jusque dans les bras des saintes femmes qui ont à peine achevé leur éducation ; on ouvre la cage !

Qu'arrive-t-il alors ?....

Pauvres oiseaux qui ne savent même pas comment vient le pain de chaque jour, dont la prunelle n'a jamais entrevu le soleil de la liberté, qu'à travers la grille, ou les mousses de leur nid ; ils sont éblouis ! Ignorants des ailes que Dieu prête à tous pour affronter le péril comme pour l'éviter, descendre sur la terre ou s'élancer vers les cieux ; ils peuvent donner dans mille dangers. N'est-il pas plus sage d'apprendre d'avance à se servir de la liberté, de la vie ; instruments difficiles dont il faut bien un jour faire usage ; et donner à nos enfants, tout ce qu'il est possible à l'affection des parents d'imaginer pour fortifier le corps, en augmentant les ressources de l'intelligence ?

Et si, en particulier, l'on réfléchit à la mission de la femme sur la terre ; n'est-il pas coupable de négliger ce qui peut contribuer à sa force et à sa santé, en attendant que penchée sur les baisers de son enfant, elle berce les générations qui vont nous pousser ?

Ce qui fait l'imprudence ?.... C'est l'ignorance !

Il est imprudent de vous baigner si vous ne savez pas nager, imprudent de monter à cheval si vous ignorez l'équitation..... Que de mouvements sont imprudents lorsque les membres ne sont pas assouplis par la gymnastique ! C'est également une science que de courir les montagnes ; mais il faut se donner la peine de l'apprendre ; alors, ce qui pouvait être un danger, devient une source infinie de jouissances aussi morales que physiques.

Et puis enfin..... s'il y a un Dieu pour les ivrognes, il y en a bien un aussi pour ceux qui ne s'énivrent que des magnificences de la création ; et après avoir fait ce que l'on doit, il faut s'en remettre à lui du soin de veiller sur nous. « *Quoniam angelis suis mandavit de te, ut custodiant te in omnibus viis tuis. In manibus portabunt te, ne fortè offendas ad lapidem pedem tuum.* » Ps. LXXXX.

LES PYRÉNÉES

Leur étymologie.

On a prêté au mot Pyrénées des étymologies si nombreuses, si diverses, et même si singulières, que pour être exact, il me faut remonter jusqu'aux temps héroïques.

Dans le septième livre de son poëme de la guerre Italique, *Silius Italicus* consul sous Néron, donne, des Pyrénées, une étymologie qui a probablement inspiré *du Bartas*.

Guillaume de Saluste seigneur *du Bartas*, diplomate et guerrier, maniait aussi vaillamment la plume que l'épée. Il serait assez difficile de dire pourquoi il fut appelé le poëte chaste ; car il savait dans ses vers, comme le latin dans les mots, braver l'honnêteté à un point tel, qu'il n'est pas toujours possible de le citer textuellement. Son poëme *La Semaine de la Création* (1), eut un succès immense, il atteignit jusqu'à sa trentième édition. A la page 120 du troisième jour de la *Semaine*, il raconte les aventures de l'hercule Gaulois, (2) « *Non le bastard d'Alcmène*, » avec la belle *Pyréne* fille de Bebrix (3); d'autres disent qu'elle était fille de Pyrénée roi de Thrace (4). Délaissée par son ravisseur, la malheureuse princesse fut cacher sa honte *dans les montagnes auxquelles elle a donné son nom*, et où elle fut ensevelie après avoir été tuée par les bêtes féroces (5).

Pline et Lucain nous apprennent que Vénus était adorée dans les Gaules sous le nom de *Pyrénée*. Elle avait même un temple dans les montagnes qui séparaient la Gaule de l'Ibérie.

« Pyrénées vient du mot grec πῦρ, feu ou flamme, à cause de la pointe des pics qui ressemblent à des langues de feu. » (6)

---

(1) Jean de Bordeaux, Paris, 16 j^t 1609.

(2) Certains auteurs désignent l'hercule Phénicien ; mais si l'on réfléchit que Cicéron en nomme six différents et que Varron en compte jusqu'à *quarante-trois*, on peut alléger sa conscience du scrupule d'accuser un hercule plutôt que l'autre.

(3) Quicherat.

(4) Chompré.

(5) Comp. du dict. de l'Académie. Firmin-Didot, 1842.

(6) Bécherelle.

« Pyrénées vient du grec, πῦρ feu, parce que les bergers mettent le feu aux forêts Pyrénéennes. » (1)

Pyrénées vient du mot phénicien *phareny (branche)*, parce que les *ramifications* ou *branches* de la chaîne formaient les *Pyrénées Gallibériques*, les *Pyrénées Cantabriques*, les *Pyrénées Asturiques*, et les *Pyrénées Gallaïques*.

Les Gallibériques étaient les Pyrénées françaises d'aujourd'hui (2).

« Pyrénées vient de *pics nères, pics noirs*, d'où l'on a fait Pyrénées. » (3)

« Dans l'idiome de la vallée de *Baros* et d'autres cantons du *Couserans*, on désigne les hauts pâturages et les monts de la crête par les appellations, sans doute Celtiques, de *Byren* ou *Pyren*. » (4)

Enfin, Pyrénées vient du mot Celtique *bir* ou *pir* hauteur, qui fait au pluriel *Pirennon*.

Après une telle exhibition, j'abandonne au lecteur qui a les pièces en main, le soin délicat de prononcer ce nouveau *jugement de Paris*.

Cette diversité d'opinions pour une étymologie, n'a rien de très-important, il est bien plus à regretter que les auteurs ne soient pas mieux d'accord pour

---

(1) Simon Goulard de Senlis.
(2) Bécherelle, p. 1032, tome II.
(3) De Chaumont.
(4) De Chausenque. Les Pyrénées, t. 1 f. 10, 2e éd.

fixer l'emplacement de l'antique cité de *Beneharnum* qui a donné son nom au Béarn. Le vieil Olhagaray, Scaliger, Oyhenart, Marca, Danville, Lavie, Walckenaer, Perret, Bouillet, etc., qui ont traité cette question, hésitent, affirment, et en définitif nous laissent dans un doute complet.

PANORAMA DES PYRÉNÉES

Vues de Pau.

Les chaînes de montagnes, ces gigantesques nourrices qui tiennent le monde dans leurs bras, et l'allaitent avec les sources intarissables qui jaillissent de leur sein pour féconder les plaines, portent généralement des noms féminins. Les pics dont elles sont composées, ont au contraire des appellations presque toutes masculines; et comme si c'était la suite mystérieuse de cette relation, aux uns, Dieu a donné la rudesse virile, et aux autres l'harmonie et la grâce.

Lorsque l'on considère les Pyrénées du haut des coteaux de Pau, cette terre promise où la mort oublie les hommes; à qui rien n'a été refusé, pas plus le fruit de la vigne que les eaux de Jouvence, la gloire des armes que le berceau des rois; on est frappé de la coquetterie avec laquelle elles se présentent.

Le pic du Midi (2,885^m), ce squelette vermoulu d'Ossau, dissimule son front chauve sous une coiffure de frimats ; et les transparentes vapeurs qui à cette distance voilent ses ruines, en font un des monolytes les plus imposants de nos continents.

Césy (2,190^m) cache son ventre creux, et ne montre que ses deux pelouses de velours fourrées d'hermine.

Le pic du Ger (2,613^m) élève son salon au-dessus des crètes de Hours et de Coos comme les combles d'une cathédrale.

La Latte, où plutôt le pic d'Esquérra (2,474^m) [1]. Cette lame de rochers qui nous tourne le dos, apparait comme un cône parfait se confondant presque avec le Balaïtous. Ce dernier est le véritable géant des Basses-Pyrénées (3,145^m), surpassant de 260^m le pic d'Ossau lui-même; oublié par Joanne dans son *panorama de la Place Royale,* il a été réhabilité par le Cte H. Russell-Killough. Ce pic est le plus difficile de toute la chaîne ; sur le versant français il ne le cède qu'au Vignemale (3,390^m), et à la distance où nous sommes, il éteint les diamants de ses glaciers sous les brumes de l'horizon.

De tous ces pics, c'est le Gabisos qui fait le plus de frais pour le spectateur. Après avoir terminé à l'E. le premier plan de la chaîne, il s'étale com-

---

(1) On confond ordinairement le pic d'Esquérra avec la Latte; celle-ci n'est que la montagne qui soutient sa base.

plaisamment à l'O. sur une étendue de six ou sept kilomètres et revient au N.-O. en s'appuyant sur les crêtes de Louesque. Comparativement, il occupe la plus grande place du tableau qui se déroule devant la cité Béarnaise, et comme la beauté antique, il se montre tout entier.

Si, à l'Occident, la silhouette légendaire d'Anie (2,504^m) s'incline vers l'Océan, l'œil s'égare à l'Orient dans ce dédale de monts qui ne s'arrêtent qu'aux neiges roses du pic du Midi de Bigorre (2,877^m), cachant dans leurs replis Cauterets, Luz, St-Sauveur, Barèges et Bagnères-de-Luchon ;

> Bagnères la beauté, l'honneur, le paradis
> De ces monts sourcilleux. (1)

Il serait trop long d'énumérer tous les anneaux de la chaîne ; mais lorsque fasciné par ce magique tableau, vous aurez oublié les heures, et que l'astre du jour aura déjà disparu pour aller éclairer d'autres climats ; regardez, entre le *Gabisos* et le *Monné*, ce point lumineux qui rougit à l'horizon !.... C'est le glacier du Vignemale qui a cristalisé le dernier rayon du soleil.

« Les Pyrénées qui élèvent leur tête dans les nuages comme une citadelle pour séparer l'Espagne

---

(1) Du Bartas.

de la France, » ont une longueur de 90 lieux entre les deux mers.

> *Pyrene celsa nimbosi verticis arce.*
> *Divisos. Celtis longè. prospectat Iberos.* (1)

« La plus grande largeur de la chaîne, entre Tarbes et Balbastro, est de 100 kil. et sa superficie, d'une mer à l'autre seulement, de plus de 1,200 lieues carrées.

» Ces montagnes sont comprises entre les 42° 26' et 43° 23' de latitude boréale, et entre 0° 51' de longitude orientale du méridien de Paris. » (2)

---

(1) Silius Italicus.
(2) De Chausenque, f. 7.

ROUTE DE PAU

aux

EAUX-BONNES.

En attendant que le sifflet de la locomotive vienne réveiller les échos de la vallée d'Ossau, c'est toujours par la capitale du Béarn que la plupart des étrangers arriveront aux Eaux-Bonnes.

Partons donc de la gare de Pau où l'on gèle en hiver, où l'on grille en été; indigne et éternel provisoire d'une station qu'on pourrait construire en argent massif, avec la dîme des trésors que le plaisir et l'espoir de la santé versent dans le pays (1).

On trouve dans la gare, les diligences qui n'attendent pour partir, que l'arrivée des trains et surtout l'express de l'après-midi.

(1) Au moment où j'écris ces lignes, j'apprends que la Compagnie du Midi s'est enfin décidée à construire une véritable gare.

Mais le moyen le plus commode, le plus agréable et même le plus économique, si vous êtes plusieurs, est de prendre une calèche pour 30 fr., voire même un landau pour 35 fr., les voitures attelées, stationnent dans la gare; vous n'avez qu'à choisir.

Le trajet est de 43 kil. et se fait environ en 5 heures si vous vous arrêtez pour dîner à Louvie, ce qui est indispensable en ne changeant pas de chevaux, ou en 4 heures si vous mettez dans vos conditions qu'on relaiera. Il y a une poste aux chevaux à Louvie.

Les cochers sont assez adroits pour disposer une grande quantité de bagages sur les voitures; si vous êtes embarrassé la diligence se chargera du surplus.

PLACE ROYALE. — En sortant de la gare, les yeux se buttent contre le promontoire sur lequel la ville est bâtie; il faut lever la tête. L'établissement de bains, qui a l'air de soutenir la terrasse de la Place Royale, vous indique le lacet que les piétons suivent pour monter directement.

Cette place jouit d'une des plus belles vues du monde; créée à la fin du XVIIe siècle, un décret de Napoléon Ier lui donna l'étendue qu'elle a aujourd'hui. En 1843, le duc de Montpensier vint inaugurer la statue (1) du héros Béarnais qui en

---

(1) Cette statue en marbre blanc est de Raggi, les bas-reliefs sont d'Etex.

occupe le centre. On voudrait voir Henri IV regarder
ses belles Pyrénées, au lieu de leur tourner le dos
pour fixer le lourd fronton du théâtre.

Nouvelle église St-Martin. — Un magnifique
boulevard va relier la place au Château, en passant
devant la nouvelle église St-Martin, si blanche avec
ses pierres de la Charente, qu'elle en blesse l'œil.
On lui préférerait le marbre ou le granit. Son emplacement a donné lieu à bien des controverses.
Je n'entrerai pas dans ces considérations d'intérêt
local ou de convenances particulières. « L'homme
s'agite et Dieu le mène! » Pourquoi la Providence
n'aurait-elle pas choisi ce sol purifié d'avance par
les vertus d'une grande famille, par l'immense charité de cette vénérée Comtesse de Gontaut-Biron,
à qui le Père de Ravignan, un autre Béarnais,
écrivait, en attendant ce moment suprême qu'il appelait les douceurs de la mort : « Je salue et bénis
de cœur ma digne et chère fille en Jésus-Christ; son
pieux souvenir ne me quitte pas, ma tendre reconnaissance prie en union avec son âme. *Je vais
lentement au but.* »

Hôtel de Gassion. — Tout à côté de l'église,
en continuant à l'O. ; ces pans de murailles en
démolition étaient l'hôtel de Gassion, encore un grand
nom du Béarn. Parti de Pau avec trente sols dans
sa poche et ses souliers au bout d'un bâton, ([1]) le

([1]) C'est lui-même qui le racontait à Mme de Motteville.

simple cavalier Béarnais mourait à trente-huit ans maréchal de France, et l'un des premiers capitaines de ces temps guerriers. Sans amours ni plaisirs, ce qui était rare à cette époque, le maréchal de Gassion ne comprenait pas que l'on pût admirer la beauté d'une jeune fille plus que celle d'un cheval, et n'estimait pas assez la vie pour vouloir en faire part à qui que ce soit.

Je ne dirais rien de plus de cet hôtel depuis longtemps changé en prison, si en le démolissant pour bâtir un Casino, on n'avait trouvé dans ses fondations mises à nu, des vestiges de constructions qui fixent une question historique obscure et contestée jusqu'ici. J'y reviendrai dans un instant.

CAMP BATALHÉ. — La route continue entre le Gave et l'*Ousse* (1), puis tourne sur une place : le *Camp batalhé* où les champions combattaient pour le jugement de Dieu.

TOUR DE LA MONNAIE. — La tour en ruine qui la domine, est celle de la Monnaie. Elle commandait l'ancien pont, et porta le nom de Tour du Moulin jusqu'en 1524, époque à laquelle Henri II y transféra les ateliers monétaires de Morlàas. Dans le coin, à droite, cette rue escarpée est la *Côte du Moulin*, jadis l'entrée de Pau. Elle sépare l'hôtel

---

(1) Cours d'eau qui se jette dans le gave au-delà de l'abattoir.

l'hôtel de Gassion de la salle du parlement de Navarre, aujourd'hui le musée.

Eglise St-Martin. — L'église S**t**-Martin, qui se confond avec ce dernier monument, est la plus ancienne de la ville. Après avoir été livrée à la réforme par Jeanne d'Albret, elle fut rendue au culte catholique romain par Louis XIII lui-même.

Étymologie de Pau. — L'usage du pays était de planter des *pieux* à l'endroit où on voulait bâtir et attirer la population. En effet, M. Alcide Curie a retrouvé dans plusieurs vieilles chartes, ces mots qui ne laissent aucun doute : « *Palum pro nova populatione ibidem facienda figi et apponi fecimus.* »

La tradition rapporte qu'au xe siècle, les habitants de la vallée d'Ossau concédèrent un emplacement au vicomte de Béarn pour construire un château, sur le plateau d'*Aïgue-beez* (1). Afin d'en marquer les limites on planta trois pieux *pali* ; d'où le nom de *Pal*, en patois *Paü*.

Armes de la ville. — Les armes de la ville accordées aux jurats en 1482, sont : *d'azur à la barrière de trois palis aux pieds fichés d'argent, sommée d'un paon (2) rouant, d'or et accompagnée, en pointe et intérieurement de deux vaches affrontées et couronnées de même.*

---

(1) *Tu vois l'eau.* Le Château, bâti au confluent du *Hédas* et de l'*Ousse*, voit le Gave à ses pieds.

(2) *Paon* et *pieu* se prononcent en Béarnais *Paou*, absolument comme le nom de la ville. (De Lagrèze.)

Un vicomte de Béarn se promenant dans un char attelé de deux vaches, rencontra une procession où l'on portait en grande pompe le corps de Saint Volusien martyr de Guyene. Le pieux vicomte descendit avec empressement, et voulut que les saintes reliques fussent déposées sur ce même char. « Puis, dit le savant Bordenave, faisant plus de gloire de cet acte religieux que de tout l'honneur qu'il pouvait acquérir par ses armes et par son courage, il fit mettre les deux vaches sur son écu (1). »

En 1829, à la demande du conseil municipal et de M. de Perpigna, maire de la ville de Pau, Charles X permit de *surmonter ces armoiries d'un chef d'or chargé d'une écaille de tortue au naturel, surmontée d'une couronne d'azur rehaussée d'or et accompagnée à destre d'un H et à senestre du chiffre IV d'azur.*

Au dessus des armes on mit pour devise : *Urbis palladium et gentis* (2).

CASTEL MENOU. — On ignore le nom du vicomte de Béarn qui fut le fondateur du premier château de Pau ou *Castel Menou* (3); un Centulle probablement; mais cette construction qui, d'après ce que nous avons vu, remonterait au x⁰ siècle, était fort

---

(1) De Lagrèze, p. 71. 4ᵉ éd. du Château de Pau. 1862.
(2) Donné en notre château de St-Cloud, le 30 juin 1829, de notre règne le cinquième. CHARLES.
(3) Château Mignon.

incomplète, et se trouvait située sur l'emplacement même de l'hôtel de Gassion (1).

Je sais que cette question a été contestée ; on hésitait devant l'absence de documents bien positifs, ou au moins de vestiges historiques. Les documents de cette époque sont rares ; mais nous avons depuis quelques jours les vestiges historiques. En démolissant la vieille demeure des Gassion, on a trouvé derrière la façade, une seconde muraille d'origine plus ancienne, dont les fortifications et les meurtrières étaient complétement enfouies dans les remblais et les fondations.

CHATEAU DE PAU. — Quant au Château qui dresse sa masse imposante au-dessus de nos têtes, c'est Gaston Phœbus qui en fut le véritable fondateur vers 1363 (2).

Froissart (3) nous dit que : « dans le temps que le prince de Galles (le prince noir) et la princesse étaient à Tarbes, estait le Comte (de Foix) en la ville de Pau ; où *il faisait édifier un moult bel chastel.* »...

Ce travail dura longtemps ; car l'époque dont parle Froissart devait être vers 1363, et un acte

---

(1) Origine de la ville de Pau, par Saget, xij, Palassou, notice historique, f. 7. Idée hist. du Béarn, ch. ville de Pau. Dugenne, Panorama, f. 4.

(2) Saget, p. 20, 23 et 92, Froissart. Dugenne, f. 11.

(3) Tome 3, chap. 5, p. 6.

dressé au château de Pau, le 29 octobre 1375, (1) par devant notaire et trois nobles chevaliers pour témoins, nous fait connaître une police passée par Gaston Phœbus avec divers *Cagots* (2) qui avaient l'entreprise de ses constructions. Il faisait bâtir alors le château de Montaner, de la Hourquie à Morlàas et « *terminer à son château de Pau.* »

On lui attribue les cinq tours reliées ensemble par de solides remparts. La plus considérable, celle

---

(1) Archives de Pau, liasse 5, n° 92, registre de plusieurs pièces curieuses commencé en 1371.

(2) On a beaucoup écrit sur les *Cagots*, cette race de parias si odieuse au moyen-âge. Marca prétend que ce nom vient de *Caa Goth* (chien Goth) à cause des exactions de ces peuples dans nos contrées. Faget de Baure dit qu'il vient du mot *Gafo*, qui en espagnol veut dire *lépreux*. Mais si les Cagots étaient des lépreux, comment leur confiait-on la construction des châteaux? Il y avait là une sorte d'indignité, de répugnance de contact, d'impossibilité physique même, qui s'opposait à ce que de tels êtres pussent exécuter des entreprises aussi considérables.

On dit quelquefois: les *Cagots* ou *Goîtreux*, et enfin d'autres ajoutent: les Goitreux ou les *Crétins*..... Le goitre est une infirmité pénible; mais qui n'a rien qui puisse vous faire mettre au banc de la société; il provient presque toujours de l'habitude de porter des fardeaux sur la tête, et surtout de la boisson de certaines eaux. Il y a quelques goitreux dans la vallée d'Ossau quoique le sol soit généralement calcaire. Dans les vallées schisteuses d'Argelès et de Pierrefite, le goitre et le *crétinisme* vont ensemble, et y règnent, on peut le dire, à l'état endémique. Cette race de crétins est hideuse et sans intelligence; ce n'est pas elle qui aurait construit le château du beau Phœbus. Qu'étaient-ce donc que ces *Cagots* qui étaient obligés de porter sur leurs habits la *patte d'oie* ou *de canard?*... C'est une question intéressante à étudier; mais qui ne saurait être traitée dans un si petit espace.

qui élève ses briques rouges à une hauteur de 34^m, s'appelle *le donjon* et porte son nom ; elle lui servait de logement (1).

Jusque là, les princes de Béarn avaient habité Morlàas et Orthez, ils ne venaient à Pau qu'en passant ou pour chasser. En 1460, Gaston de Foix, petit-fils d'Archambauld de Grailly (2), le dernier des princes Béarnais de ce nom, devenu roi de Navarre, s'établit définitivement à Pau. « Il en répara et embellit le château, y fit de beaux dehors, y joignit un grand parc, et n'oublia rien pour en faire un séjour convenable à un roi. » Les Ossalois à qui on confirma la propriété du *Pont-long*, par lettres patentes du 20 septembre 1463, entrèrent dans les dépenses de ces constructions et embellissements pour 2,400 florins, (3) c'est alors que fut construit le bâtiment du côté nord.

Plus tard, Henri II ajouta le grand corps de logis exposé au midi (4) et donna au château le cachet de la renaissance.

Disons un mot des différents princes que nous venons de nommer.

(1) Lebret, intendant du Béarn, vers 1700.
(2) La maison de Grailly forma la seconde branche de la maison de Foix, et fournit plusieurs princes au Béarn. — Dugenne, Panorama historique et descriptif de Pau, f. 24. 2º éd.
(3) Idée historique du Béarn, imprimée à Pau en 1766, chez Dugué et Desbarrats.
(4) Lebret. Description du Château de Pau par Saget, f. 67. 2º éd.

GASTON PHŒBUS. — Le Comte Gaston Phœbus, né en 1391, avait épousé à 18 ans Agnès de Navarre, sœur de Charles surnommé *le Mauvais*. C'était le prince le plus brave et le plus magnifique que l'on put voir. *Tocquoy si gauzes* (1) [touches-y si tu l'oses] était sa devise. Charles VI ayant voulu lui faire prêter hommage : « *Gratia dei sum id quod sum*, (2) » répondit-il fièrement : « c'est par la grâce de Dieu que je suis ce que je suis! » Ces mots devinrent la légende des monnaies béarnaises.

Chasseur, poëte et musicien, il excélait en tout. Au retour des batailles, ses beaux cheveux au vent (3), il s'élançait dans les montagnes ou sous les sombres sapins à la poursuites des izards et des ours. S'il avait une meute de seize cents levriers et deux cents chevaux dans ses écuries, il avait aussi quatre secrétaires pour écrire ses lettres et ses poësies ; *Acquéres mountines* par exemple, ce chant si doux et si gracieux qui est peut-être le plus national du Béarn, et ses *déduicts de la chasce* (4).

---

(1) Dugenne, f. 12.
(2) Palassou. Notice historique, f. 2. 2ᵉ éd. Marca, id.
(3) Tel que le représente la statue du baron de Triquety sur l'esplanade du château.
(4) *Le myroir de Phœbus, des déduicts de la chasce aux bestes sauvaiges et des oyseaulx de proye, avec l'art de fauconnerie et la cure des bestes et oyseaulx à cela propice*, dont le plus beau manuscrit connu appartient à la famille d'Orléans.

Il faudrait, pour sa gloire, oublier le meurtre de Pierre de Béarn, commandant du château de Lourdes ; n'ayant pu le corrompre, il le tua de sa propre main. Son fils lui-même mourut dans des circonstances extraordinaires et fatales.

Ce Pierre Arnaud de Béarn était frère naturel de Gaston Phœbus ; et c'est à Orthez, au palais de la vicomté, que sur son refus de lui livrer Lourdes pour le rendre au duc d'Anjou qui en faisait le siége, Gaston lui passa sa dague au travers du corps. « Ah ! dit le pauvre blessé, vous ne faites pas de gentillesses, vous m'avez appelé et si m'occiez ! »

« Si commanda le comte qu'on le mit dans la fosse où ja il mourut. » (¹)

Sur le point d'épouser Béatrix, surnommée la *Gaie Armagnaise* (²), le jeune Gaston, fils de Phœbus, désira revoir sa mère qui s'était retirée en Navarre, auprès de son oncle Charles le Mauvais. Celui-ci abusant de la crédulité et de l'affection de son neveu, lui donna un philtre qui devait rallumer, disait-il, la tendresse de son père pour sa mère. Le malheureux enfant qui couchait avec son frère bâtard Jobaim, et qui ignorait que ce philtre n'était qu'un poison subtil, laissa surprendre son secret. Phœbus averti, lui arracha le fatal sachet au moment où comme d'habitude il

---

(1) Mazure, Histoire du Béarn et du Pays basque, 1839, f. 63. Ce fait est tiré de Froissart.

(2) Elle était fille du comte d'Armagnac.

le servait à table ; puis en versant la poudre sur un *tailloir* de pain, il le jetta à son levrier qui en ayant avalé tomba foudroyé. A cette vue, ne se contenant plus, il se précipite sur son fils pour le tuer. Ses chevaliers et ses écuyers l'en empêchent ; il se contente momentanément de le faire enfermer dans la tour du château et d'envoyer à la mort quinze de ses serviteurs. Quelques jours après, apprenant qu'il refusait toute nourriture, « il le visita portant à la malheure un petit coutelas dont il appareillait ses ongles et les nettoyait. Il fit ouvrir l'huis et vint à son fils. Il tenait l'almette (la lame) de son coutelas par la pointe, et si près de la pointe qu'il n'en avait pas hors de ses doigts l'épaisseur d'un gros tournois. Par maltalent, en boutant ce tant de pointeau en la gorge de son fils, il l'asséna de je ne sais quelle veine, et lui dit : « — Ah ! traitre, pourquoi ne manges-tu ? — De quoi, sans apparence de mal, il mourut. » (¹)

Eclairé, mais trop tard, Gaston pleura amèrement la mort de son fils. Un jour qu'il avait chassé l'ours près de l'hôpital d'Orion, il eut l'imprudence de se faire verser de l'eau glacée sur les mains. A peine le froid l'eut-il saisi qu'il tomba en s'écriant : « *Je suis mort ! Sire Dieu, merci !*

Ainsi mourut ce prince, « le plus sage, le plus courtois, le plus riche, le plus économe à la fois,

---

(1) Froissart. Olhagaray.

et le plus magnifique de son temps, » dit M. de Barante.

François Phœbus. — Le corps de logis du côté nord rappelle la triste et admirable mort du jeune François Phœbus, prince charmant, doué de toutes les qualités de l'âme et du corps. Petit fils de Gaston XI et de Charles VII de France, il venait d'être sacré à Pampelune. « Le 29ᵉ jour de janvier 1483, raconte Favyn, ayant après disner pris vne fluste pour s'esbatre, aussi tost qu'il l'eut approchée de sa bouche, il se sentit frappé d'une poison si violente qu'il mourust deux heures après; charité attribuée aux roys de Castille.... Estant ainsi frappé de poison, comme on le jecta sur son lict, il dist à sa mère ces paroles de Nostre Seigneur : mon royaume n'est pas de ce monde ; ne vous affligez pas; car je retourne vers mon père. »

Marguerite de Valois. — Le 24 janvier 1527, Marguerite de Valois, la gracieuse sœur de François Iᵉʳ, épousa Henri II de Navarre et Iᵉʳ de Béarn. Elle fit venir d'Italie des artistes habiles, qui malheureusement ne se contentèrent pas de ciseler ces admirables sculptures que nous admirons aujourd'hui ; ils jouaient dans les caves du Château des farces indignes où les prêtres et les cérémonies de notre sainte religion étaient tournées en ridicule.

La cour de Navarre accueillait tous les beaux esprits chassés des autres états; Calvin lui-même y trouva un refuge. On ne joue pas impunément avec le feu. Une funeste impression sur l'esprit de la future mère d'Henri IV, et des années de deuil et de massacres, devaient être le fruit de cette coupable tolérance. Du reste, incomparable dans les choses sérieuses, Marguerite savait mener de front les affaires de l'Etat et les plaisirs de l'esprit. Henri II dont Charles-Quint disait : « qu'il était le seul homme qu'il eut rencontré en France, » lui confiait souvent les rênes de l'administration. Les qualités de son cœur et sa générosité l'ont rendue chère aux Béarnais. « Nul, disait-elle, ne doit s'en aller triste et marri de la personne d'un prince. »

Ses œuvres lui ont valu le titre de *quatrième des graces*, et de *dixième des muses*. Elle avait,

 Corps féminin, cœur d'homme et tête d'ange. (1)

Mais si on lit son *heptaméron*, il est bon de se rappeler combien la liberté absolue de langage, pour ne pas dire la licence, était autorisée à cette époque. Heureusement, ses mœurs valaient mieux que ses contes.

Si belle, si spirituelle, si aimée, sœur et femme de rois, mêlée à tous les événements de son siècle, qu'ils fussent politiques, religieux ou seulement artistiques et littéraires ; la *Marguerite des Marguerites* ne pouvait échapper à la malignité. Elle fut

(1) Marot.

vantée par les uns pour ce qu'elle avait d'imparfait, et décriée par les autres pour ce qui ne se pliait pas à leurs désirs ; habile tactique qui consiste à avilir la femme et à effacer l'âme pour anéantir l'individu. La tolérance dont on lui a fait honneur est un jeu de mots : tolérance pour les individus, oui, et les suites en furent fatales pour le Béarn ; mais inflexibilité pour le dogme, qui, comme la vérité, ne peut être blanc et noir à la fois ; si elle fut sur le point de tomber, elle sut se relever inébranlable.

> « Je cherche aultant la croix et la désire
> Comme aultrefois je l'ai voulu fuir ;
> Je cherche aultant par tourment d'en jouir,
> Comme aultrefois j'ai craint son dur martyre.
> Car cette croix mon âme à Dieu attire ;
> C'est le chemin très-sûr pour l'aller voir.
> Par quoy les biens qu'au monde puis avoir
> Quitter je veulx : la croix me doibt suffire (1). »

Dit-elle, dans un huitain conservé dans les manuscrits de la Bibliothèque impériale.

« Au moment de mourir, elle reçut avec une foi ardente tous les sacrements de l'église, qui lui furent administrés par Gilles Caillau, religieux de l'ordre de Saint-François. » (2)

Henri II d'Albret, roi de Navarre, avait marié

---

(1) Suppl. fr., 2,286, fol. 119.
(2) De Lagrèze, f. 116.

sa fille Jeanne à Antoine de Bourbon duc de Vendôme. « Ce prince s'était toujours montré brave et vaillant ; car de cette race de Bourbons, dit Brantôme, il n'y en a point d'autres. »

Quand Henri apprit sa grossesse, il la fit venir à Pau. Jeanne lui ayant témoigné la crainte qu'il n'eut fait son testament en faveur d'une dame qui le gouvernait ; il lui promit de le lui montrer et de lui donner une chaîne d'or qui ferait vingt-cinq fois le tour de son cou, si elle chantait une chanson Béarnaise pendant les douleurs de l'enfantement, pour ne pas faire un enfant *rechigné*.

Quand le moment arriva, la courageuse Jeanne entonna le cantique de Notre-Dame du bout du Pont:

> Nouste dame deü cap deü poun
> Adyudatz-me a d'aquest'horo ;
> Pregatz aü diü deü ceü,
> Qu'em boulho bió delioura leü,
> D'u maynat qu'am hassie lou doun ;
> Tout d'inqu'aü haüt deus mountz l'implore.
> Nouste Dame deü cap deü poun
> Adyudatz-me a d'aquest'hore.

> Notre-Dame du bout du pont,
> Aidez-moi à cette heure,
> Priez le dieu du ciel
> Qu'il veuille bien me délivrer au plus vite ;
> D'un fils qu'il me fasse le don ;
> Tout jusqu'au haut des monts l'implore (1).

(1) On trouvera la musique de ce cantique dans les *Chansons et airs populaires du Béarn*, par Fréderic Rivarés, recueil complet, consciencieux et magistralement traité. Pau, 1868.

« La princesse n'eust pas *plustôst rachevé* cette prière, qu'elle accoucha. »

> Lou nousto Henric badou dab aquère musique ;
> Et déyà qu'arridé..... N'ey douno pas estounan
> Sis mountra, de tout temps, gaüyous, brabe et galan (1).

> Notré Henri nàquit avec cette musique,
> Et déja il riait..... Il n'est donc pas étonnant
> S'il se montra, en tout temps, joyeux, brave et galant.

L'on voit au milieu du Gave les ruines de l'ancien pont ; par conséquent, l'oratoire du bout du pont était en face sur l'autre rive (2). L'usage de construire ces sortes d'oratoires était général dans toute la Gascogne (3).

D'après le registre des naissances et morts des princes de Béarn, tenu par l'évêque d'Oloron ; c'est le 14 décembre 1553 (4) que ces murs furent immortalisés par la naissance de notre grand et populaire Henri IV.

> Noust'Henricou sourtin de la cousquille (5).

On a conservé la carapace de tortue qui lui servit

---

(1) Vignancour, fragmen dû pouème l'infance d'Henric IV.

(2) « Au bout du pont du gave qui passe en Béarn, en allant à Jurançon. » Favyn.

(3) Favyn.

(4) De Lagrèze, f. 149. Favyn dit que ce fut le troiziesme décembre jour de saincte Luce.

(5) Vignancour.

de berceau et dont les dimensions sont de $1^m\ 08^c$ sur un $0^m\ 81^c$.

« Ce petit prince vint au monde sans crier ny pleurer, et la première viande qu'il reçut fut de la main du roy, son grand père, lequel ayant pris une dosse d'ail, luy en frotta ses petites lèvres qui sussèrent le ius de ce thériaque de Gascogne, et prenant sa couppe d'or, il luy présenta du vin, à l'odeur duquel ce petit prince ayant levé la teste, il luy en mist vne goutte dans la bouche qu'il avalla fort bien. » (1)

« Tu seras un vray Béarnois » s'écria le roi rempli d'allégresse.

Lorsque la reine de Navarre était accouchée de Jeanne d'Albret, les Espagnols faisant une allusion injurieuse aux deux vaches qui sont dans les armes du Béarn, avaient dit : *Milagro! la vacca hijo una ovcia!* Miracle! la vache a eu une brebis!

Pour répondre à cette insulte, Henri d'Albret prit son petit fils dans ses bras, se mit au balcon du château, et le montrant au peuple, il s'écria, en regardant les Pyrénées : *Mire agora, esta oveia pario un leone!* Regardez maintenant, cette brebis a mis au monde un lion!

La nourrice d'Henri IV s'appelait *Jeanne Lassansàa*; lorsque Mme la duchesse d'Angoulême vint à Pau en

---

(1) Favyn.

1823, elle acheta la maison de Billère où le jeune roi avait été bercé, et la donna aux descendants de Jeanne.

Cette grande figure d'Henri IV tient tant de place dans notre histoire, que l'on est avide de savoir ce qui s'y rattache; mais aller plus loin serait évoquer toutes les annales de Béarn et de France.

Il est inutile de cacher ses défauts, ils étaient aussi brillants que ses qualités; en faiblesses comme en grandes actions, il ne fit rien à demi; mais je ne saurais terminer sans parler de ce fameux mot : *Paris vaut bien une messe.* « Ce mot, il ne l'a pas
» dit. Dans le vieux livre, les *Caquets de l'Accou-*
» *chée*, une des babillardes cite le duc de Rosny,
» qui disait un jour au feu *roy Henry-le-Grand*
» *(que Dieu alsolve!) lorsqu'il luy demandait pour-*
» *quoy il n'allait pas à la messe aussi bien que luy;*
» Sire, Sire, la couronne vaut bien une messe! » (1)

C'était bien lui, par exemple, qui disait à Sully : « *Vive Dieu! je crois, et je donnerais un doigt de ma main pour que vous crussiez comme moi!* »

On sait les tristes pressentiments qui l'assaillirent quelques instants avant d'être assassiné. Il ne pouvait se séparer de sa femme et de ses enfants, et au moment de monter en carrosse il fit le signe de la croix.

(1) De Lagrèze, f. 182.

Si nous en croyons Mézeray (1) et le marquis de la Force (2) : « Le jour de sa mort, l'écu de ses armes, qui était sur la porte du château de Pau, en Béarn, avec les premières lettres de son nom à côté, tomba à terre et se brisa (3). A la même heure, les vaches du troupeau royal, qui paissaient là auprès, s'étant toutes couchées en rond et beuglant horriblement, le principal taureau (on le nommait le roi), vint tout furieux rompre ses cornes contre cette porte là, puis se précipita dans le fossé et se creva de sa chute; de sorte que tout le peuple, qui était accouru à ce spectacle, se mit à crier : *le roi est mort*, et ce cri lamentable se répandit par tout le Béarn en moins de deux heures. Les procès-verbaux qu'on en dressa peu de jours après font foi de la vérité de ce prodige. »

Je parcours les pages sérieuses de l'histoire avec le même sans façon, le même décousu que j'effleure les questions moins graves des sciences naturelles. Il faut le recueillement du cabinet pour tenir la plume ou le burin; en voyage, on n'a qu'un crayon pour prendre un croquis et des notes.

(1) In-fol. 1675, t. 3, p. 1291.

(2) T. 1, p. 228.

(3) Marmontel, dans son Encyclopédie, t. 2, f. 519, dit que l'écu dont parle Mézeray, était une pierre de couleur rouge. Les employés du château se souviennent encore de l'avoir vue. Elle est tombée en morceaux lorsque l'on a construit le portail qui regarde les montagnes.

Qui que vous soyez, étrangers ou français, vous voudrez visiter ce château.

Je copie textuellement la note assez ambigüe de l'Annuaire administratif de 1869 :

« On peut visiter le Château Impérial tous les
» jours, excepté le lundi, de 10 heures à midi et
» de 2 à 4 heures l'hiver, et à 5 heures l'été. »

Si les détails que donnent très-exactement les employés du Château ne vous suffisent pas, lisez le *Château de Pau* par M. Bascle de Lagrèze, le *Panorama historique et descriptif de Pau* par A. Dugenne, la *Description du Château de Pau* par P. Saget, le *Guide Joanne*, la *Notice historique sur la ville et le Château de Pau* par Palassou, le *Guide de l'étranger à Pau* publié par la commission syndicale, *Pau, description de la ville et du château* par Justin Lallier, *Le Château de Pau* par Chastang, etc., etc.

Au sortir de l'ancienne place de la Basse-Ville ou *Camp Batalhé*, on débouche sur la route des Eaux-Bonnes, laissant derrière soi un pont en marbre blanc qui fut construit en 1838. Ce pont conduit de l'esplanade du Château à la *Basse Plante* qui renferme le parc actuel. Jadis, ce n'était qu'une portion des *Hormelettes*.

Le Gave [1] qui coule sous le pont de Jurançon

---

[1] Nom générique des torrents en Bigorre et en Béarn. *Gave* est un mot Celte qui veut dire eau.

prend sa source dans les glaciers du Marboré ; il en descend avec la plus haute cascade d'Europe, celle de Gavarnie qui a 400ᵐ de chute. Après avoir traversé une partie du département, il va se joindre au Gave d'Oloron, et tous deux réunis se jettent dans l'Adour, qui lui-même verse ses eaux dans l'Océan à la barre de Bayonne.

Il faut que la pêche à la ligne soit une passion bien réchauffante ; car en plein hiver, alors que l'eau glacée n'est que de la neige fondue, on voit au beau milieu du Gave des pêcheurs nus jusqu'à la ceinture, immobiles comme des hérons au bord d'un étang, attendant le bras tendu qu'une truite ou un simple goujon vienne mordre à leur hameçon.

Uzos. — A gauche dans le lointain, au sommet des coteaux, le château d'Uzos, qui appartient au général Chazal.

Bizanos. — Le château de Bizanos avec ses pins séculaires.

Jurançon. — On traverse le village de Jurançon, célèbre par ses vins. Du temps de Henri IV, le cru de *Gaye*, à 20 minutes de la route, était gardé par des sentinelles (1).

Croix du Prince. — Après le 1ᵉʳ kilomètre, au moment où finit le rang des maisons de gauche, on arrive au *carrefour de la croix du Prince*, cette croix

---

(1) Dugenne.

fut relevée par Louis XIII lorsqu'il vint rétablir le catholicisme en Béarn.

Gelos. — La route de gauche conduit au *château de Gelos*, aujourd'hui le haras, construit en 1784 par le baron de *Duplàa*, président de la chambre des comptes au parlement de Béarn.

Montrose et Monpays. — La villa Monpays dresse ses tours et ses clochetons au-dessus du côteau ; la villa Montrose est au-dessous.

Villa Bernadotte. — La villa du baron de Bernadotte, cousin du roi de Suède, est à gauche sur le bord de la route. On voit encore à Pau, au n° 5 de la rue qui porte son nom, la maison où Jean Bernadotte est né le 26 janvier 1763. « *C'est une tête française sur le cœur d'un Romain* » avait dit le général Bonaparte la première fois qu'ils se rencontrèrent. Le 5 février 1818 (1), il montait sur le trône de Suède sous le nom de Charles XIV Jean.

Pont d'Oly. — Après le 2ᵐᵉ kil. on traverse le Néez sur le pont d'Oly (2), étonné de voir le torrent muet, arrêté par un coude où il laisse dormir ses eaux. C'est ce calme, inconnu dans les Pyrénées où toutes les eaux sont bruyantes, qui a valu au pont son nom d'*Oly*.

Laferrière. — Presqu'immédiatement à droite

(1) De Lagrèze, f. 274.
(2) Huile.

la villa *Blond-Izard*, et un peu plus au-dessus la villa *Laferrière*, au milieu des arbres.

Le Sarrot. — A la suite, le château du *Sarrot*, appartenant à Mme la comtesse de Reyneval, veuve de notre ancien ambassadeur à Rome.

En se retournant au N. on peut apercevoir au sommet du coteau, une statue colossale de Napoléon Ier, sculptée en bois par un Polonais, ancien propriétaire de la villa.

Guindalos. — A gauche sur les côteaux, la villa *Guindalos*.

Mosaïque Romaine. — En face du Sarrot, est une maison de paysan avec cette singulière enseigne : *Mosaïque*.... C'est qu'en effet, il y a là sous ce hangard couvert en ardoise, une très-belle et assez complète mosaïque découverte en 1850 par un anglais, M. Baring-Gould. C'était une habitation romaine composée de seize salles dont huit conservent une partie des dessins qui les ornaient. Sur l'axe de la galerie s'ouvre un Atrium entouré de portiques et terminé par un hémicycle. Du centre d'un Impluvium jaillissait un jet d'eau dont le tuyau existe encore. Le pavage de cet Impluvium composé de petits cubes d'un centimètre de surface, en marbre, en pierre et en terre cuite de différentes couleurs, représente des poissons. On distingue encore dans l'une des salles, une figure colossale armée d'un trident. Plus loin un fragment de buste, une femme nue, puis une disposition particulière de tuyaux qui indiquerait l'emplacement d'un Sudarium.

Au N. E. sur la hauteur de *Guindalos* existait un camp romain dont on voit encore les traces.

Astous. — Vis-à-vis le 5me kilomètre, une belle avenue conduit au domaine des *Astous*, où se trouvait le haras avant 1810.

Villa de Moncy. — Un peu plus loin, toujours sur la droite, la *Villa de Moncy*.

Villa d'Antist. — A gauche au sommet du coteau, la villa du général baron *d'Antist*.

La route qui, jusqu'ici, suivait la ligne droite, se détourne à gauche en abandonnant l'ancien tracé, pour éviter la moraine (1) qui obstrue la route. « Sa forme indique, aussi nettement que possible, une moraine frontale. Placée en travers de la vallée, elle a probablement servi d'abord de barrage à un lac; puis, les eaux s'étant frayé un passage vers l'une de ses extrémités, ont facilement pratiqué, à travers ces matériaux peu résistants, la coupure où se trouvent le lit du gave et la route actuelle. Il est facile de voir, dans les tranchées, que la roche en place n'apparaît nulle part; le monticule est formé en entier de cailloux roulés, cimentés par la boue glaciaire. » (2) Ces effets ont dû être

---

(1) Amas des débris de roches et cailloux qui bordent les côtés ou le pied des glaciers.

(2) Quelques traces glaciaires dans la vallée d'Ossau, par M. Bayssellance, f. 3. extrait du bulletin de la Société Ramond. Janvier 1869.

produits pendant la période glaciaire *Miocène*, avant les soulèvemens alpins, et par conséquent avant l'apparition de l'ophite qui est de la fin de la période *Pliocène*.

Cette théorie des glaciers n'est pas nouvelle; mais elle s'est reproduite depuis quelques années avec une forme rajeunie, et pour ainsi dire preuves en mains. D'après l'hypothèse de M. Stuart Menteath : les moraines de Pau et de Denguin devraient être attribuées à la période glaciaire miocène avant les dislocations qui ont changé, depuis, le relief de ces contrées.

GAN. — Au 8me kilomètre, nous entrons dans la *ville de Gan*, l'une des treize du vieux Béarn (1); elle était entourée de murailles. La porte massive du côté N. existe encore avec ses rainures pour laisser glisser la herse. Elle est à gauche de la grande route sur le bord de l'eau.

CORISANDE D'ANDOINS. — A l'extrémité de la place de la Halle près du pont qui mène à Nay, s'élève une jolie construction flanquée d'une tour octogone, où la belle *Corisande d'Andoins* aurait, dit-on, reçu le jour. On lit cette inscription sur la cheminée du rez-de-chaussée :

<pre>
        Si vis ad vitam œternam ingredi
        Serva mandata dei. C. A. 1597.
</pre>

(1) Moreau, f. 38.

La chronique ne dit pas si c'était la devise de la veuve du comte de Gramont; mais on cite son cortége bizarre lorsqu'elle se promenait dans les rues de Pau, accompagnée d'un Mercure, d'un bouffon, d'un More, d'un Basque avec une robe verte, du magot Bertrand, d'un page Anglais, d'un barbet et d'un laquais. (1)

Amie et confidente de Catherine de Navarre sœur d'Henri IV, on sait quels sentiments l'attachaient à la gloire du vainqueur de Coutras. Si celui-ci, à la tête de quelques cavaliers traversait toute la Gascogne pour lui porter vingt-deux drapeaux et quelques autres (2), elle vendait ses diamants et engageait ses terres pour lui lever des armées.

Pierre de Marca. — Gan est la patrie de *Pierre de Marca* (1794), historien du Béarn, membre du Conseil souverain de ce pays, plus tard président du parlement de Pau; puis après la mort de sa femme, évêque de Couserans, intendant général de la Catalogne, en 1652, archevêque de Toulouse et enfin archevêque de Paris. La maison où il est né est au fond de la première rue à gauche, sur le bord d'un chemin parallèle à la route.

Le Capitaine Darrac. — « On aperçoit à gauche, environ à 1 kil. sur la route de Bosdarros, une

---

(1) De Lagrèze, f. 171.
(2) D'Aubigné, t. 2. l. 1 ch. 15.

habitation de chétive apparence. C'est là que demeurait le capitaine *Darrac*, bourgeois de Gan, anobli par Henri IV pour être venu, disent les lettres patentes, pendant que ce prince faisait campagne contre le duc de Mercœur, le joindre en Bretagne, avec une *compagnie de cent beaux gendarmes* levés et équipés à Gan à ses frais. » (1)

Cujas. — On rencontre souvent le nom de Cujas (*Cujeus*) dans les archives de la ville; quelques auteurs en ont conclu que le célèbre jurisconsulte était originaire de Gan; mais le fait est contesté; je crois qu'il naquit à Toulouse d'un père Béarnais.

Tolou. — Après avoir dépassé les dernières maisons, on aperçoit sur la droite la jolie habitation de M. Guillemin. On y trouve, avec le goût qui préside à chaque chose, des serres remarquables remplies de plantes rares et d'arbres exotiques. Dans l'une d'elles, un espalier d'orangers en pleine terre se découvre en été, et amène des fruits à parfaite maturité. La chapelle à peine achevée et qui vient d'être consacrée par Mgr l'Évêque de Bayonne, est d'une grande pureté de style.

Hourtic. — La Ferme-école est un peu plus haut; les succès qu'elle vient d'obtenir au concours de la Vilette prouve l'intelligente direction qui y préside.

Bains de Gan. — A l'extrémité du parc de Tolou,

---

(1) Moreau, f. 37.

à droite, une enseigne indique la petite avenue qui conduit aux *Bains de Gan.* Du temps de Bordeu ils avaient une certaine réputation, et sont encore employés dans les obstructions, les tumeurs et la gravelle.

FILATURE DE GAN. — Au delà du 9ᵉ kilomètre. La filature de Gan faisait partie du domaine de *Tout-y-Croît,* ancienne propriété d'Henri II. M. le baron Capdeville possède l'acte contenant la donation que Jeanne d'Albret en fit à M. de Cazaux, médecin de la reine, et conseiller intime au Conseil souverain de Béarn, pour une redevance annuelle de *deux linotes.* (1)

CHATEAU D'ESCARRAGUEL. — PAPETTERIE DE BOSDARROS. — Après le 10ᵉ kilomètre, la papetterie de Bosdarros et le château de M. Escarraguel.

CARRIÈRES DE GAN. — Un peu plus loin que le 11ᵉ kilomètre, à gauche du Gave, les carrières de Gan. C'est avec ses pierres qu'ont été construits le Pont-Neuf de Pau et la chaussée en pente qui aboutit à la place Gramont. Ces travaux adjugés le 30 août 1747 durèrent 26 ans (2).

TRILLE. — GUILLEMPAU. — BIBET. — A côté la ferme de Trille, et un peu plus loin, sur la droite de la route, la ferme de Guillempau; le moulin Bibet est au delà du 13ᵉ kilomètre.

---

(1) Saget, f. 93. Acte du 2 juin 1560.
(2) Dugenne, f. 376.

Rébénac. — M. Moreau (¹) recommande le vin de *Vic-Bilh*. La route départementale qui établit la communication entre Oloron et Nay, passe dans le village. Elle rejoint celle que nous avons vue à droite en traversant Gan, à 4 kilomètres d'ici, sur les hauteurs de *Bel-Air* d'où l'on a une vue charmante. Bel-Air est un joli nom ; mais on y ajoutait autrefois celui non moins mérité de *Forêt de Bondy du Béarn*.

A gauche de la route, vous lirez sur une maison : *Bains minéraux du Pic-fontaine de Marie*. La source en fut découverte en 1843 dans le cours même du Néez.

Bitaubé. — Le château que l'on aperçoit à droite porte le nom de *Bitaubé* et appartient à la famille de l'auteur de *Joseph* et de la *traduction d'Homère*. On croit voir à côté l'entrée d'un tunnel ; c'est une carrière de plâtre qui dépend de la propriété.

On décore du nom de *Pic de Rébénac* ce mamelon calcaire au travers duquel poussent quelques arbustes.

Le Néez. — Depuis longtemps déjà, vous apercevez sur le revers du vallon, des terres fraichement remuées, comme les traces d'un fossé ; elles cachent la tranchée que l'on a creusée pour conduire les eaux du Néez aux bornes-fontaines de Pau ; travail grandiose s'il avait été bien exécuté, et qui

---

(1) Pau, Eaux-Bonnes, Eaux-Chaudes, f. 39.

est dans ce moment l'objet d'un procès. En attendant que la ville et les entrepreneurs aient vidé leur querelle et que l'on sache qui doit le payer, le gardien vit probablement de l'air du temps. Il vous montrera une belle grotte de 160 mètres de long sur 4 de haut, découverte en 1855. Elle appartient à M. Guillemin ainsi que le terrain d'où sortent les sources. On a trouvé sur le sol des ossements humains et des dents d'ours.

Ces sources du Néez ne seraient, à ce qu'il paraît, qu'un puits artésien naturel, une espèce de siphon en communication avec le Gave d'Ossau. L'une sort de la terre, l'autre jaillit du rocher, et leur volume est assez considérable pour faire marcher les usines qui sont à deux pas. « Lorsque l'eau diminue trop, dit Palassou, les propriétaires de ces établissements vont nettoyer les ouvertures par lesquelles le gave d'Ossau se perd dans le canal du moulin de M. Bordeu à Izeste (1). »

Pendant que vous gravissez péniblement la côte de Sévignac, infiniment trop raide, remarquez, à droite et à gauche, ces blocs erratiques de granit et d'ophite?.. Leurs roches ne se retrouvent en place que vers le milieu de la chaîne; ils ont donc dû être charriés ici par le grand glacier d'Ossau dont

---

(1) Voyage de Pau à la vallée d'Ossau, f. 70.

le courant principal s'échappait par la vallée de Buzy (1).

Sévignac. — Nous voilà à Sévignac; je ne parle pas de ses sources minérales, elles sont insignifiantes pour les étrangers. L'une est sulfureuse et l'autre ferrugineuse. Si nous prenons par la droite l'admirable panorama qui se déroule à nos yeux, nous voyons, dans le village même, le château de Sévignac, appartenant à M. Druon ;

Buzy. — A l'O. *Buzy* avec sa pierre druidique : un bloc de granit supporté horizontalement par sept pierres verticales, et qui mérite une excursion ;

Bescat. — En revenant à gauche vous trouvez *Bescat* ;

Arudy. — Puis le chef-lieu de canton, *Arudy*, avec sa vielle tour, qui s'étage sur un mamelon. Ce bourg de 2,000 habitants environ, dominé par une butte calcaire que couronne la chapelle de Saint-Michel, possède une église de style gothique des XIVe ou XVIe siècle qui n'a pas à se louer des restaurations modernes; une maison fortifiée et plusieurs constructions de la renaissance; enfin une tannerie dont la réputation, due à la qualité des eaux et de la farine de maïs, s'étend jusqu'en Russie et aux Etats-Unis. Au delà d'un petit pont qui relie ses deux côtés, le Gave, encaissé par une maçonnerie, voit sur chacun de ses bords

---

(1) Bayssellance, f. 3. De Chausenque. Ire part. f. 102.

une longue file de folâtres laveuses, debout, fouettant leur linge sur de grandes plaques de pierre simétriquement rangées en plan incliné, et criant à tue-tête. Au moindre bruit du dehors, les fenêtres de la tannerie se peuplent de jolies têtes toujours riant, toujours chantant malgré le blanc d'Espagne dont elles sont constamment enfarinées.

Izeste. — On voit d'ici la route qui serpente d'Arudy à *Izeste*. La campagne est parsemée de groupes de rochers calcaires d'un gris-bleu. Arides et brûlés par le soleil, ils portent la trace des profondes stries que les glaciers y ont creusées.

Bordeu. — Izeste est la patrie des Bordeu, cette grande lignée de médecins. Sans eux, qui sait ce que seraient les Eaux-Bonnes aujourd'hui? Car ce n'est qu'à dater de la nomination de Théophile à la surintendance générale des eaux d'Aquitaine, que l'on voit se dessiner le grand mouvement qui entraîne aux stations thermales les avides de santé comme les avides de plaisir. « C'est à nous, dit-il justement, que sont dus l'usage intérieur des Eaux-Bonnes, leur application aux maladies de poitrine, et l'heureuse célébrité qu'elles ont acquises. » (1)

Il mourut le 23 décembre 1776, d'une attaque d'apoplexie, ce qui fit dire que « la mort craignait

---

(1) Voir ses lettres à Mme de Sorberio.

si fort cet habile médecin, qu'elle l'avait surpris en dormant. »

Le berceau des Bordeu devait tomber en des mains dignes de lui : M. le docteur Daran vient d'en faire l'acquisition, et a su créer au milieu de ces murs abandonnés une délicieuse retraite.

Au fond du jardin, un bras du Gave disparaît dans une grotte profonde, et l'on croit que passant sous la côte de Sévignac, il va ressortir aux sources du Néez. Lorsque le moulin d'Izeste ferme les pelles de cette dérivation du Gave, on remarque, dit-on, une diminution dans le volume d'eau de la source. Des bouchons, des corps légers confiés au courant d'Izeste, seraient ressortis de l'autre côté de Sévignac.

Au-dessus d'Izeste, sur le versant de la montagne, s'ouvre la grotte d'Espalungue (2), une des plus grandes des Pyrénées. Son entrée protégée par une muraille et une porte, a une hauteur de 17^m. Le gardien réside à Louvie. Les choquarts et les chauves-souris y ont élu domicile. Ces dernières sont d'une telle fécondité que le milieu de la grotte est presqu'impraticable ; il faut s'appuyer sur un bâton pour ne pas glisser dans le guano.

Si l'on en croit la tradition du pays, elle aurait servi de refuge à 10,000 Sarrasins d'Espagne, poursuivis par les Béarnais. On a trouvé à l'en-

---

(2) De *spelunca*, caverne.

trée de la grotte des médailles de Gallien et de Tetricus (1).

Izeste n'est qu'à quelques minutes de Louvie où nous allons arriver dans un instant; car, il ne faut pas oublier que c'est du haut des coteaux de Sévignac que nous venons de faire cette excursion à vol d'oiseau.

Descendons maintenant, en fixant les deux fourches du pic du Midi d'Ossau. Au sortir de Sévignac, le *Geranium phœum*, L. fleurit sur le bord des terrasses qui s'élèvent à gauche de la route. Un peu plus bas, vous trouverez, dès le mois de mars, la *Gentiana verna*, L. dans un petit pré du même côté.

MEYRAC. — La côte finit au moulin de *Meyrac*. Meyrac que nous avons laissé avec *Sainte-Colomme* à gauche de Sévignac, a vu naître une *noble demoiselle* du même nom, célèbre par son goût pour les armes, et qui fut le héros d'un roman historique du XVIIe siècle, intitulé : l'*Héroïne Mousquetaire*.

LOUVIE-JUZON. — On traverse le Gave d'Ossau à *Louvie-Juzon*. Il y a quelques maisons du XVIe ou du XVIIe siècle; l'église qui est du XVe ou XVIe a un clocher plus vieux qu'elle, et un vestibule ou lieu réservé autrefois aux catéchumènes, qui lui donne un aspect très-particulier.

Le guide de la grotte d'Izeste va se présenter à

---

(1) Palassou. Voyage de Pau à la vallée d'Ossau, f. 82.

vous, et vous engager à faire cette course. Il faut une demi-heure à pied.

Un chemin de grande communication relie Louvie à Nay et à Lestelle.

L'hôtel des Pyrénées est en face du pont, le relai de poste se trouve un peu plus loin en tournant à gauche.

Ossau. — Nous voilà en pleine vallée d'Ossau, pays des Osquidates montani (1). Sur une longueur de 16 kilom. environ, cette population à moitié pastorale de 16,872 habitants trouve moyen d'élever plus de 60,000 têtes de bétail de toute espèce. Mais il faut dire : qu'outre les nombreux et succulents paccages de la montagne, les Ossalois ont encore des landes dans le Pont-Long.

> En despieit deous de Paü,
> Lou Pount-Loung sera d'Aoussaü.
>
> En dépit des habitants de Pau,
> Le Pont-Long sera d'Ossau.

Les nombreux procès qui ont eu lieu, ont donné raison à ce dicton.

Gouvernés d'abord par des comtes héréditaires, les Ossalois voient vers le commencement du XIIe siècle, leur histoire se confondre avec celle de Béarn.

Armoiries. — Les armoiries de la vallée d'Ossau (du latin *ursi saltus*) [2], portaient un hêtre sépa-

---

(1) De Chausenque, 1re partie, f. 88, 2e E.
(2) Bois de l'ours.

rant un ours et un taureau dans l'attitude du combat, avec cette légende :

Ossau et Béarn, vive la vacca !

On se rappelle que c'est sur les terrains du *Pont-Long* concédés par la vallée d'Ossau que fut construit le Château de Pau. Le fors d'Ossau de 1221 porte que lors de *Cour Mayour*, « les Ossalois ont la propriété en la salle du Château, qui est de tenir le haut bout dans ladite salle, si on est trois ou plus en cour. »

Ils étaient fort jaloux, et à juste titre, de cet honneur.

Costume. — A moins que ce ne soit un jour de fête, vous ne verrez pas le costume d'Ossau sur votre route. Les guides des Eaux-Bonnes, seuls, le portent tous les jours, et encore..... si ce n'était pour eux une sorte d'enseigne, ils s'en dispenseraient bien vite.

Voici ce costume tel que le décrit M. Moreau : « Les Ossaloises portent sur la tête un capulet de drap écarlate doublé de soie de même couleur : chez les plus riches et les plus coquettes la doublure est damassée. La pointe du capulet est rabattue le plus souvent en arrière, au lieu de menacer le ciel, comme dans la coiffure des femmes des Hautes-Pyrénées. Le capulet, ainsi modifié, pose de plat sur la tête, et donne plus de caractère à la figure. Sous le capulet, un petit bonnet rond, de mousseline ou de toile, en forme de calotte, retient les cheveux et s'attache sous le menton, laissant passer par derrière de longues tresses qui tombent sur leurs épaules; la taille est serrée dans un joli corset, ordinairement noir, mais dont le devant est revêtu de soie ou de velours cramoisi. J'ai vu aussi des corsets rouges bordés de ruban bleu ou jaune; sur le col repose un fichu de soie ou de mousseline peinte, dont les pointes se cachent dans le corset, laissant passer entre elles les bouts de ruban de fil blanc qui forme coulisse, et serre la chemise autour de la gorge. Les manches du corsage sont assez courtes. Deux jupes noires d'étoffe de laine couvrent la partie inférieure du corps. Elles sont l'une et l'autre divisées en plis symétriques égaux et plats dans toute leur circonférence; mais celle de dessus est relevée à la hauteur des genoux, et va s'aggraffer derrière la taille. Elle est bordée dans toute son ampleur d'un large ruban bleu, qui, en suivant les dessins de tous ces plis, forme le trait le plus saillant du costume; cette jupe supérieure ainsi relevée simule un peu sur les hanches les paniers de l'ancien régime, et contribue à faire paraître la taille plus fine. Un long tablier de mousseline blanche unie ou brochée, avec falbalas, recouvre, chez les élégantes, les jupes; sur le tablier lui-même descendent, jusqu'à terre, les deux bouts d'une longue et large ceinture jaune, aux dessins brochés. Enfin des bas blancs, d'une laine fine, se collent sur les jambes, et, au lieu de suivre le pied dans le soulier, ils s'arrêtent au cou-de-pied et s'évasent au moyen d'une cannelure à côtes. »

« Les femmes âgées ne portent ni le jupon bordé et relevé, ni le tablier blanc, ni la ceinture jaune, et elles remplacent le capulet rouge par la cape de laine blanche à capuchon pointu, chamarré de broderies noires. Cette cape est courte et d'un effet vraiment étrange. »

J'ajouterai un détail à cette description si parfaite d'ailleurs : c'est qu'en se mariant, l'Ossalois donne à sa fiancée un trousseau tellement complet, qu'elle y trouve, même l'habit de veuve qu'elle devra revêtir s'il meurt le premier.

« Les jeunes gens portent un gilet-veste-écarlate ; en dessous, un gilet en molleton blanc, à larges revers, qui laisse voir la chemise blanche plissée et serrée au col par trois petits boutons (1) rapprochés ; une culotte courte de drap ordinairement brun ou même de velours noir, avec des poches à revers garnis de galons dorés. Pour jarretières des cordons en soie de diverses couleurs, terminés par des glands. Sur la chemise une épingle à verroteries pendantes. Les bas blancs en laine (2) ont la même forme sur le pied que ceux des femmes.

---

(1) Ils fabriquent eux-mêmes ces boutons qui sont très-artistement tissés en fil.

(2) Ces bas sont quelquefois ornés de petites mèches de laines saisies dans le tissu.

Ils portent le soulier en cuir ordinaire, ou des sandales en fil garnies de bandelettes noires ou rouges qui se croisent sur le pied. Les cheveux coupés presque ras sur le devant de la tête, flottent sur le col, et sont accompagnés du berret béarnais brun. » Leur berret est bien plus grand que celui qu'on porte partout ailleurs; plaqué sur le derrière de la tête, il avance sur le devant et leur sert d'ombrelle aussi bien que de parapluie. La ceinture qui se roule autour des reins est en laine rouge ou en soie amaranthe.

« Les pasteurs, qui restent six mois de l'année sur la montagne, portent la culotte courte», quelquefois longue, « la veste brune, et, pour se garantir du froid, des injures de l'air, marchent toujours avec une ample et chaude cape de laine blanche ou brune. Leurs pieds sont chaussés d'énormes sabots pointus, dont l'extrémité se recourbe, à l'imitation des sabots chinois, et qui sont ornés de dessins formés par des clous de laiton. »

INSTRUMENTS DE MUSIQUE. — Les instruments de musique Ossalois sont, la *flûte*, le *tambouri* et le *clarou*. A la page 19 du *Guide des Eaux-Bonnes*, j'ai déjà dit un mot de ces instruments. Dans la première épreuve, j'avais avancé que la flûte avait *trois* trous. Quelqu'un qui m'inspirait une confiance illimitée, m'ayant juré qu'elle en avait quatre, j'eus la coupable humilité de céder; cette flûte, qui n'est qu'un flageolet, n'a décidément que *trois trous*, deux par devant et un par derrière. On la tient, comme notre flageolet en *sol*, avec les deux derniers doigts. Elle se joue à l'Octave aigu, sans s'inquiéter de quelques demi-tons qui manquent à cet instrument primitif; et l'air se résout sur la dominante au lieu de la tonique par une cadence sur le fa dièse. Le talent du joueur consiste principalement à faire *vibrer le son* en s'accompagnant du *tambouri*, espèce de tambourin en forme de carquois monté de six cordes, dont quatre donnent *l'ut* et les deux autres le *sol*. Le musicien marque le rythme en frappant sur les cordes avec une baguette. C'est le même individu qui joue les deux instruments à la fois.

Vous n'entendrez le *clarou* que dans la montagne. C'est un instrument à anche, comme la clarinette dont il a du reste la forme. Il est ordinairement en bois de hêtre et percé de six trous. De loin, on croirait entendre les *Piferari*, lorsqu'ils viennent à Rome pendant l'Avent jouer devant les Madones.

Je ne rechercherai pas jusqu'à quel point il est vrai, que la loi la mieux observée est celle qui n'est pas écrite; mais je puis affirmer que dans la vallée d'Ossau, celle qui est la plus écrite est la moins observée. Vous ne passez pas dans un village sans lire sur un large écriteau bleu : « *la mendicité est interdite dans le département des Basses-Pyrénées;* » et à chaque instant on vous tend la main. On dit de la charité qu'elle est ingénieuse...... hélas !

combien de points lui rendrait la mendicité !....
Des nuées d'enfants qui semblent sortir des pavés
de la route, font la roue autour de vous et
crient avec un petit ton insolent : « *donnez-moi un
sou !....* » Vous vous révoltez et les envoyez au
diable.... mais ils continuent, et, vont rouler dans
les jambes des chevaux.... il faut bien leur donner
pour les empêcher de se faire écraser.

Ici, ce sont de jolies fillettes qui vous lancent
des bouquets, et vous demandent gracieusement
« *un petit sou !* » On ne peut leur refuser.

Près de Bielle, un grand idiot va vous chanter
la messe et les vêpres, en courant à toutes jambes
le béret à la main ; il a une voix de stentor. Celui-là
fait pitié. On s'empresse de mettre la main à la
poche.... il continue tant que vous cherchez ; mais
à peine la pièce de monnaie a-t-elle roulé sur la
route, qu'il semble frappé d'apoplexie. Le mot commencé s'est arrêté brusquement dans son gosier ;....
vox faucibus hæsit. Il se ménage pour la prochaine
occasion.

À la côte des Eaux-Bonnes les gamins passent,
en courant, leur jambe par dessus leur tête, s'accompagnant chaque fois de l'*Arénilhetz Aou !....
Aou !....* qu'ils tirent des notes les plus aiguës de
leur diapason. Ces cris timbrés par la voix d'un
enfant ne sont pas sans douceur. Pendant ce temps,
les petites filles chantent le *Roussinhoulet* en se
tenant par la main et s'ébranlant comme pour la

danse. Leurs cheveux, retenus par une calotte d'étoffe voyante bordée d'un galon de clinquant, tombent en longues tresses sur leurs épaules. *Aou!... Aou!...* et les berets sautent en l'air...... Les garçons aussi ont de longues chevelures, ce symbole de l'homme libre ; ils les rejettent gracieusement sur leurs épaules avec un geste antique.... C'est plus que de la grâce champêtre, c'est splendide!.... Le vieux sang Celtique bouillonne encore dans ces jeunes veines, on voudrait....

« *Un petit sou !..... donnez-nous un petit sou !....*»

Ah ! diable ! c'est vrai ! ce tableau vaut bien *un petit sou* sans doute ?.... Cependant, si vous ne vouliez pas le donner, vous n'avez qu'à leur crier : *Nani! nani!* Ils vous prendront pour quelqu'un du pays, et courront se remettre en embuscade pour en attrapper d'autres.

....

Mais remettons-nous en route !

En sortant de *Louvie-Juzon*, vous apercevez sur la gauche les ruines d'un pont sur le gave, et au-dessus, des carrières de marbre.

CASTEL-GELOS. — A un kilomètre plus loin, *Castel-Gelos* (*Castel-Jaloux*) dresse fièrement les ruines de son château et sa tour au-dessus du gave et de *Castets*. M. Moreau (1) assure avoir vu dans les documents relatifs à ce château et déposés aux Archives du départe-

(1) f. 78.

ment, que, lorsqu'Ossau formait un état particulier, Castel-Gelos (1) était la résidence habituelle du vicomte souverain héréditaire du pays. Ce serait alors le *Castellum Ursalicum* dont parle M. le comte d'Angosse dans sa notice sur la Vallée d'Ossau, f. 39.

BILHÈRES. — *Bilhères* apparaît bientôt entre Ciel et terre, sur la droite.

BÉON. — L'usine de *Béon* est en face de l'autre côté du gave.

BIELLE. — Nous allons arriver à *Bielle*. Environ 200 mètres avant de passer sur le pont de la chapelle, presqu'en face la borne qui porte le n° 20 sur sa face principale, regardez à droite dans un pré bordé de peupliers et fermé par une barrière; vous y trouverez l'*Erodium Manescavi*. *Bub*.

C'est à Bielle que se réunissent encore les autorités des divers villages. Les anciennes Archives de la Vallée, le *trésor d'Ossau*, sont enfermées dans un coffre à trois clefs et à trois serrures. Elles sont sous la garde de trois maires qui en possèdent chacun une clef.

L'église a été construite avec les débris d'un édifice Romain. Remarquez les quatre colonnes de marbre, Henri IV les avait demandées à la communauté de Bielle.

« *Sire*, répondit-elle, *bous quets mesle de noustes*

---

(1) Palassou en fait remonter l'origine à Gaston Phœbus. Description des voyages de S. A. R. Mme la duchesse d'Angoulème, f. 83.

» *coos et de noustes bes, mei per ço qui es deus*
» *pialas deu temple, aquets que son de Diu, d'ab*
» *eig quep at bejats.* » (1)

« Sire, vous êtes le maître de nos cœurs et de nos biens ; mais quant à ce qui regarde les colonnes du temple, elles appartiennent à Dieu, arrangez-vous avec lui. »

Les colonnes restèrent à leur place, dans leur jolie église ogivale à trois nefs, la plus belle de celles de la vallée et leur contemporaine.

Outre les ruines d'une ancienne abbaye de bénédictins, des maisons du xve et xvie siècle, les débris d'une tour et d'une maison fortifiée, Bielle est encore intéressant par ses curieuses mosaïques romaines découvertes en 1843 par M. Moreau. Elles seraient du iie ou iiie siècle, et devaient faire partie d'un établissement important, bains, temple ou palais. Il est évident que les colonnes de l'église datent de la même époque et leur servaient d'ornement. Quoiqu'elles n'aient rien qui flatte l'œil, regardez-les attentivement, et vous verrez qu'elles n'ont pas le grain des marbres des Pyrénées, ni la forme des autres monuments de la vallée ; elles me semblent trahir une origine Italienne.

Au reste, vous trouverez dans M. le Curé de Bielle, un excellent et obligeant cicerone qui mettra,

---

(1) Palassou, d. d. v. de S. A. R. M. D. d'Angoulême, f. 83.

avec une extrême complaisance, son joli musée à votre disposition.

Je recommande à mes lectrices une belle collection de guipures et de broderies sur filet du xviie siècle. Elles connaissent mieux que moi ces deux vers de Molière :

> Je voudrais bien qu'on fît de la coquetterie
> Comme de la guipure et de la broderie.

Ces vers faisaient allusion aux règlements somptuaires promulgués par Louis XIV en 1660, et ils sont inexacts, en ce sens que, ces règlements qui interdisaient l'usage des broderies, des galons et des dentelles en or et en argent, ont précisément été l'origine de la *guipure* et de la *broderie sur filet* que vous admirerez chez M. le Curé de Bielle. En effet, les dentelliers de France ruinés par l'édit de 1660 firent venir les plus habiles ouvriers de Flandre et de Venise, et créèrent ces magnifiques guipures en fil et broderie simple, dont la mode devint aussi dispendieuse que celle qu'on avait interdite.

Vous verrez encore avec intérêt la *cappa flourade* que les femmes portaient en 1600, des bijoux Ibériens, Maures, etc.

J. DE LABORDE. — Jean-Joseph Dort, marquis de *Laborde*, un des plus riches capitalistes de l'Europe, banquier de la cour, aussi célèbre par ses richesses que par le noble et magnifique emploi qu'il savait en faire, est né à Bielle en 1724, et mort sur l'échafaud révolutionnaire, le 18 avril 1794. Son château est encore habité par ses descendants.

Entre le 23ᵉ et le 22ᵉ kilomètre, presqu'en face de ce dernier, franchissez le rapide ruisseau qui baigne à droite le mur d'une prairie ; ouvrez la barrière ; vous aurez à vos pieds le gisement le plus considérable d'*Erodium manescavi. Bub.* qui se trouve à proximité de la route. Il se prolonge jusqu'à la source du cours d'eau, sur les flancs de la montagne.

Bélesten. — Oasis. — Au milieu du village de *Bélesten*, un étroit chemin, où peut cependant s'insinuer une voiture, conduit à l'*Oasis*. Impénétrable aux rayons du soleil, ce bois de frênes d'où jaillissent de nombreuses sources, voit chaque jour ses clairières envahies par les cavalcades et les calèches. L'Oasis incline ses berceaux de verdure jusque dans les flots du Gave, et les bandes joyeuses confondent le pétillement du Champagne avec les bruits du torrent. Il n'y a pas beaucoup de couleur locale, on se croirait partout excepté dans les Pyrénées ; mais c'est fort amusant.

Gère. — Geteu. — Béon. — Aste. — Nous traversons le village de *Gère* d'où dépend le pic de Gaziès, le hameau de *Geteu* avec ses ardoisières, laissant, de l'autre côté du Gave, *Béon* et *Aste*.

Louvie-Soubiron. — Vous voyez de l'autre côté du Gave, une tache blanche sur la montagne au-dessus de *Louvie-Soubiron*; elle vous indique la carrière de ce nom. Ses marbres blancs supportent la comparaison avec ceux de Carrare et de la Grèce; ils ont fourni les statues de la place de la Concorde, celles qui décorent l'extérieur de la Madeleine, le Cincinnatus de Foyatier, le Caïn d'Etex, le tambour républicain et le Talma (buste) de David, les quatre évangélistes et la Vierge de l'église de Bétharram, etc.

A droite, sur le bord même de la route, des blocs de marbre blanc vous indiquent une autre carrière au-dessus de votre tête. Il n'y a pas d'autre chemin pour monter à cette petite construction blanche, que l'effrayant sentier qui est devant vous.

Un peu plus loin, dans les éboulements, *Ononis natrix. L.*

BAGÈS. — Je ne parlerai pas de Bagès où habite *Gaston Sacaze* le pasteur botaniste de la Vallée,

BÉOST. — Ni de *Béost* que vous apercevez l'un au-dessus de l'autre sur la rive opposée du gave; voyez les pages 13, 17 et 21 de mon guide des Eaux-Bonnes, qui leur sont spécialement consacrées.

L'horizon est fermé par les bois et le pic de *Gourzy*, à l'E., par *Montcouges*, *Louctores*, le Pic du *Ger* avec sa teinte gris de lin rosé, *Coutchess*, un coin de *Penamédà*, *Esquérra* faussement appelé la Latte, et la guérite du *Col de Tortes*. Au-dessous du *Gourzy*, la *Promenade Horizontale* sépare les sapins des prairies, et aboutit aux *Eaux-Bonnes* qui se cachent dans un coude, repliant ses ailes pour s'abriter.

LARUNS. — Au 38me kilomètre nous entrons dans *Laruns*, chef-lieu de canton de 2,400 habitants. (Voir la page 24 du guide des Eaux-Bonnes.)

La fontaine qui est sur le milieu de la place est mieux qu'un monument, c'est le souvenir reconnaissant d'un enfant du pays qui était allé faire fortune en Russie : M. *Coudurat*.

Au sortir de Laruns, vous passez l'*Arriousé* qui dans ce moment est à sec. A mesure que vous avancez dans l'avenue de peupliers, vous entendez un bruit vague comme celui de l'Océan quand il dort sur ses plages..... C'est le gave d'Ossau qui vient de mugir dans les cavernes du Hourat; comme un taureau sortant du toril, il bondit en voyant la lumière. Au tournant, vous laissez à gauche l'ancienne route; celle des Eaux-Chaudes monte à l'O. celle des Eaux-Bonnes lui tourne le dos. Rien n'est gracieux comme les lacets que vous allez parcourir. La vallée accoudée à droite et à gauche sur les montagnes, se tourne et se retourne avec des airs charmants pour se laisser voir. Elle change à mesure que vous montez, et l'on peut croire que l'administration des ponts-et-chaussées a voulu faire une œuvre de coquetterie aussi bien que des travaux d'arts, pour vous bercer jusqu'aux Eaux-Bonnes. Le petit château d'*Espalungue*, *Assouste*, *Aas* tout en haut, dorment chaudement au soleil d'Espagne.

Si vous êtes au mois de juin, vous cueillerez des

Iris œyphioides. *Ehrh.* dans les prairies autour de l'ardoisière.

Il y a un sentier de piétons qui raccourcit énormément si vous voulez un jour descendre à Laruns ou en revenir promptement. (¹) Il sort d'un massif nouvellement planté à gauche, à environ deux kilomètres des Eaux-Bonnes. Si ce renseignement ne vous paraît pas suffisant, j'ajouterai : que vous l'apercevrez 120 mètres avant une petite fontaine qui tombe de l'extrémité d'un pré sur le chemin; que ce pré est auprès d'une grange en contre-bas, et enfin; que cette grange est séparée de la route par une haie de *Gleditschia triacanthos*.

Voilà déjà les petits pavillons de la promenade Horizontale, quelques promeneurs, une ou deux constructions qui annoncent le voisinage des lieux habités; mais vous cherchez envain les Eaux-Bonnes. Elles se cachent jusqu'au moment où la voiture ayant tourné un rocher, vous vous trouvez au milieu du village.

On ne voit pas, comme à Biarritz, une cohue de piétons, de chevaux, de voitures, de maisons plantées ça et là dans les orientations les plus inimaginables, au milieu d'un sol raviné où l'on trébuche sans savoir où mettre le pied. L'entrée des

---

(1) Guide des E.-B., f. 17.

Eaux-Bonnes est régulière, la voie publique est parfaitement entretenue malgré sa grande inclinaison, et ce square du jardin Darralde, bordé de jolies maisons et de beaux hôtels éblouit tout d'abord ; on avait rêvé moins de recherche.

LES EAUX-BONNES.

Administrativement, on dit *Eaux-Bonnes*, la commune *d'Eaux-Bonnes*, je vais à *Eaux-Bonnes*. L'oreille se choque de cette locution, et elle a raison ; on me permettra donc de suivre les préceptes de Noël et Chapsal, en faisant accorder l'article avec son substantif.

Les Romains connaissaient-ils les Eaux-Bonnes ? On n'a que des probabilités à cet égard. « C'est pour la première fois en 1356 que les chartes du pays font mention des Eaux-Bonnes, à l'occasion du séjour qu'y fit pendant l'été la princesse Talèze, de la famille des vicomtes de Béarn. » (1)

Gaston-Pœbus y avait un rendez-vous de chasse.

Montaigne qui les appelait *Gramontaises* était venu les prendre. « De Thou avait avec lui un jeune allemand qui *quoique fort sobre*, en buvait tous les jours 50 verres en une heure. Pour lui, pendant sept jours, il en prit 25 verres chaque fois. Plutôt par plaisir que par nécessité. Quoiqu'elles ne le purgeassent point, il en ressentit un grand soulagement, avec un merveilleux appétit, un sommeil tranquille et une légèreté surprenante répandue partout le corps. » (2)

Jean d'Albret beau-père d'Antoine de Bourbon, qui se trouvait avec François Ier à la bataille de Pavie, en ayant vu les bons effets sur les Béarnais blessés en Italie par les arquebuses, leur donna le nom d'*Eau d'Arquebusade*. Le brave maréchal Chabannes de la Palice n'en profita pas; car tout le monde connaît la célèbre complainte :

<blockquote>
Hélas la Palice est mort,
Il est mort devant Pavie.
Hélas ! s'il n'était pas mort,
Il *ferait* encore *envie*...... (3)
</blockquote>

(1) Les Eaux-Bonnes. f. 34. Dr de Pietra Santa.
(2) Mémoire de la vie de J. A. de Thou. L. 11. f. 66.
(3) L'ignorance a singulièrement défiguré les mots imprimés en italique.

Henri IV aimait les Eaux-bonnes et les Eaux-Chaudes, « il ne les oublia point quand il fut devenu Roi de France, » dit Bordeu. Joubert et Larivière en font souvent mention dans leurs œuvres. (1)

Il est étonnant que du Bartas qui n'est mort qu'en 1590, n'en dise rien dans sa nomenclature des eaux de la montagne.

> Elle abonde de même en bains non achetés
> Où le peuple étranger accourt de tous côtés,
> Où la femme bréhaigne, où le paralytique,
> L'ulcéré, le goutteux, le sourd, le sciatique,
> Quittant du blond soleil l'une et l'autre maison,
> Trouve sans débourser, sa prompte guérison.
> Encausse en est témoin, et les eaux salutaires
> De Cauterets, Barrèges, Aigues-Caudes, Bagnères,
> Bagnères la beauté, l'honneur, le paradis
> De ces monts sourcilleux......... (2)

Heureux temps que celui où les Pyrénées abondaient en *bains non achetés*, et où on y trouvait sa prompte guérison *sans débourser !*

Vers 1700, Lebret, intendant du Béarn, raconte que l'on disait assez de bien d'*Aigues-Bonnes*.

En découvrant leur application aux maladies de poitrine, et en les patronnant par ses écrits, j'ai déjà observé, en parlant d'Izeste, combien elles devaient aux Bordeu.

---

(1) Moreau, f. 141.
(2) Du Bartas. Poëme de la création. f. 120.

Il ne s'agissait plus que d'en rendre l'accès praticable; c'est ce dont s'occupa l'intendant-général du Béarn, M. d'Etigny. On ouvrit la première route de Laruns aux Eaux-Bonnes, en 1808; M. de Castellane était alors préfet; et c'est sous l'administration de M. G. d'Auribeau que celle que nous venons de parcourir a été livrée à la circulation.

Je ne parlerai pas de M. le docteur Darralde dont le souvenir est encore vivant; la reconnaissance a donné son nom au joli squarre du jardin anglais. Les Eaux-Bonnes ont toujours eu la bonne fortune de tomber entre les mains d'hommes éminents.

LOGEMENTS.

Pour les propriétaires des Eaux-Bonnes, juin est l'âge de bronze, juillet est d'or, août d'argent, et septembre redevient de bronze; dans un port de mer, on appellerait juin et septembre *la morte-eau*. Le prix des logements suit la même proportion.

Je ne cite aucun hôtel ni aucune maison, tout est à louer aux Eaux-Bonnes. D'ailleurs ce qui plaît aux uns ne plaît pas aux autres, il faut voir par soi-même.

Je ne donnerai pas non plus d'indications sur les prix, ce serait tromper le lecteur. Ils varient suivant la saison, la position, le temps, et surtout la volonté du propriétaire et l'affluence des étrangers.

La question du *service* est une ennuyeuse chose; on ne pense pas toujours à faire ses conditions à cet égard, et mille désagréments surgissent au moment du départ. Dans les hôtels, il est ordinairement porté sur la note.... ce qui ne dispense pas de donner quelque chose à ceux qui nous ont plus spécialement servis. Dans certaines maisons il y a un tarif. Ailleurs on s'en remet à votre générosité... Il vaut mieux, je crois, convenir d'avance d'un prix fixe; la générosité trouve toujours ensuite l'occasion de s'exercer, si on est satisfait.

Nourriture.

Le marché est assez bien approvisionné pour que l'on puisse tenir son ménage, mais il est plus commode d'aller manger à table d'hôte, ou de faire apporter chez soi. Si vous choisissez ce dernier moyen, permettez-moi une observation.

On mange partout aux mêmes heures : à 10 heures du matin et 5 heures du soir. Or, si à votre exemple, dans la maison que vous habitez, chacun a eu l'idée de se faire servir séparément; ni les domestiques, ni la vaisselle, ni *l'argenterie* ne pourront y suffire. On casse les sonnettes inutilement, la cuillère à soupe et le tire-bouchon sont des êtres invisibles, toujours chez le voisin, jamais chez vous, de façon que l'on reste indéfiniment l'estomac vide et le bec dans l'eau.

Le seul moyen d'éviter ces petits ennuis, est de manger une heure plus tard.

Quand on fait apporter ses repas du dehors, le service se paie à part.

Presque tous les hôtels ont des tables d'hôtes, il y a même un restaurant rue d'Orteig.

HÔTELS : Dilharre, place Ste-Eugénie.
de la Paix, chez Manet, vis-à-vis l'Etablissement.
Richelieu, chez Lahore, rue Impériale.
de France, chez Taverne, id.
des Empereurs, chez Calvet, id.
de la Poste, chez Ferré, id.
des Touristes, chez Fortas, id.
de l'Univers, chez Davant, id.
de l'Europe, chez Peyta, place Bordeu.
des Princes, chez Murret-Labarthe, rue Castellane.
des Pyrénées, rue de la Cascade.
Salenave, id.
Pons, rue d'Orteig.
Doubrères, restaurant à la carte, r. d'Orteig.

MAISONS GARNIES : Lagouarre, place Ste-Eugénie.
Berdou, id.
Mlle Bonnecaze, place de l'Eglise.
Courtado fils, id.
Courtado père, id.

MAISONS GARNIES : Tourné, vis-à-vis l'Etablissement.
Victorin Bonnecaze, place Napoléon.
Pommé, rue Impériale.
du Gouvernement, place Bordeu.
Cazaux aîné, tenu par Mme Caissel.
Cazaux (Victor), rue Castellane.
Lavillette, succursale de l'hôtel des Princes, rue Castellane.
Lanne-Lazare, id. id.
Pouyane, tenue par M. Mirand, r. Impériale.
Pérer-Laborde, id.
Courréges, rue de la Poste.
Castéran, id.
Marianne, rue Impériale.
Gassies, id.
Hourcade, id.
Capdevielle, id.
Laporte, id.
Sécula (Jean), id.
Sécula (Pierre), id.
Lanusse, rue de la Cascade.
Grousset, id.
Maucor, id.
Piguemal, id.
Pooy, id.
Pulong, id.

SERVICE MÉDICAL.

Médecins.

MM. Pidoux, Inspecteur de l'Établissement.
Manes, médecin inspecteur adjoint.

Médecins-Consultants.

MM. *Cazenave de la Roche.*
Tarras.
Briau.

MM. *De Pietra Santa.*
Leudet.
Devalz.
Cazaux (Marcelin).

Tapie-Brune, officier de santé.

Pharmaciens.

MM. *Cazaux* (maison Pommé).
Cazaux, pharmacie centrale (maison Pouyanes).
Lacoste (maison Tourné).

Etablissement Thermal.

M. Camille *Lombard*, fermier des eaux.

RENSEIGNEMENTS DIVERS.

Curé. — M. l'abbé DAGUERRE.

Mairie.

Maire. — M. COURRÉGES (rue de l'Espérance, à l'entrée de la route de Cauterets).

Adjoint. — M. Pierre LANUSSE (rue de la Cascade).

Secrétaire de la Mairie. — M. MARIET-LASSERRE.

Commissaire de Police. — M. DUFAU, (bureau rue Borden, à côté de l'hôtel de l'Europe).

Juge de Paix. — M. LACAZETTE, maison Bordenave, à Laruns.

Poste aux Lettres.

La Poste aux Lettres est à la maison Courrèges, à l'entrée de la route de Cauterets.

Départ des courriers à huit heures du matin et à midi.

Arrivée, le matin à quatre heures et le soir à six heures. Ces heures peuvent être changées selon les besoins du service.

Le public est au courant des heures de départ et d'arrivée par un tableau constamment affiché à côté de la Boîte aux Lettres.

Poste aux Chevaux.

La poste aux chevaux est à l'hôtel de France, tenu par Taverne aîné. Cet hôtel reste ouvert toute l'année.

Télégraphie.

Le bureau du télégraphe est en face du jardin Darralde, contre la promenade Horizontale. Il fonctionne depuis le 1er juin jusqu'au 1er octobre.

Le bureau est ouvert le matin à sept heures et le soir à neuf heures.

Diligences.

Un service de diligence est organisé entre Pau

et les Eaux-Bonnes, à partir du 15 mai; il finit le 1er septembre.

Le bureau de Pau, est à la place Gramont, celui des Eaux-Bonnes, est à l'hôtel des princes. Le prix des places est réglé ainsi qu'il suit :

Coupé, 8 fr.; intérieur, 7 fr.; banquette, 7 fr.; rotonde, 6 fr.

Cette diligence va prendre les voyageurs à la gare, et y a également un bureau.

A dater du 1er juin, une autre diligence part tous les matins à 7 heures de l'hôtel de France de Pau, et descend à l'hôtel de France des Eaux-Bonnes. Les prix sont les mêmes que ci-dessus.

Deux omnibus (Puts et Croharé) desservent les Eaux-Chaudes trois fois par jour.

Libraires.

M. *Lafon* (salle de l'établissement et kiosque de la promenade Horizontale).

M. *Fischer* (hôtel des Empereurs).

Cabinet de Lectures.

M. *Taverne*, aîné (hôtel de France).

M. *Fischer*.

Journaux.

Journal des Eaux-Bonnes, Eaux-Chaudes, Saint-Christau et *Salies-de-Béarn*. Bureaux, hôtel de la Paix.

Mémorial des Pyrénées.-Bureaux, place du Palais de Justice, Pau.

Indépendant des Basses-Pyrénées. Bureaux, rue des Cordeliers, Pau.

Principaux Guides.

Esterle.
Lanusse (Pierre).
Lanusse (Augustin).
Lanusse (Jacques).
Maucor (père).
Maucor (Baptiste).
Maucor (Joseph).
Monblanc (aîné).
Monblanc (jeune).
Soustrade (Jean).
Buzocq.
Carrère-Poey (Jacques).
Orteig (Jacques).
Casabonne (Pierre).

Il n'y a ni tarif ni réglement, est guide qui veut; c'est à vous de bien choisir le vôtre si vous faites une excursion difficile. Quant au prix, il n'y a rien de fixe; on vous demande cher et vous offrez bon marché ; chacun défend ses intérêts.

Chasseurs.

Lanusse (Pierre).

Esterle.
Buzocq.
Orteig (Jacques).

Principaux loueurs de voitures.

Hôtel de France.
Hôtel des Princes.
Maucor, rue de la Cascade.
Abadie, rue de la Cascade.
Lanusse, rue de la Cascade.
Monblanc, place du Gouvernement.
Othateeguy, à l'entrée des Eaux-Bonnes.
Puts, aux Eaux-Chaudes.
Croharé, aux Eaux-Chaudes.
Lavie, rue Barbalat, et *Ranguedat*, rue du Lycée, tous les deux à Pau, louent des diligences et des voitures.

Principaux loueurs de chevaux.

Lanusse, rue de la Cascade.
Maucor, rue de la Cascade.
Monblanc (jeune), place du Gouvernement.
Orteig (Jacques), rue de la Cascade.
Carrère-Poey (Jacques), rue de la Cascade.
Canet, rue de la Cascade.
Caillaud (Martin), rue de la Cascade.

Il existe d'autres loueurs qui exercent leur industrie avec un, deux ou trois chevaux, suivant la position de chacun.

Anes.

Les ânes stationnant en plein air autour du jardin Darralde, il est inutile d'indiquer les noms de leurs propriétaires.

Anesses.

Les malades qui auraient besoin de lait d'ânesse, peuvent s'adresser à Lanusse et à Monblanc.

Chèvres.

On trouvera du lait de chèvre chez :
Larrouye, rue de la Cascade.
Orteig.
Courtaou.

Chaises à porteur.

Buzocq.

Petites voitures à bras.

Établissement Thermal.
Buzocq.

Pianos à Louer.

Coridas, professeur de piano.
Bréauté, hôtel de l'Univers.

Tirs au Pistolet et à la Carabine.

Lissonde, promenade Eynard.
Labeille, commencement de la promenade de l'Impératrice.

Jardinier chargé de l'entretien des jardins et des squares.

Guillaume, jardin Darralde.

Manufacture de marbres travaillés.

Battaulde, au-delà de l'établissement d'Orteig.

Je me suis interdit les appréciations et les recommandations ; le bien que j'aurais à dire de ceux que je connais pouvant être pris pour une critique de ceux que je ne nommerais pas. J'ai voulu, d'ailleurs, éviter tout ce qui, de près ou de loin, ressemblerait à une réclame.

ÉTABLISSEMENT THERMAL.

Lorsque je vois sur mon assiette un succulent morceau de bœuf, je suis saisi d'un sentiment de respect et d'admiration. Quand je dis bœuf ?... c'est peut-être de la vache; mais ce n'est certes pas aux Eaux-Bonnes que je m'aviserai de manquer d'égards au beau sexe de l'espèce bovine. Quel animal de la création a eu des destinées plus utiles? Il anime nos prairies, féconde les sillons qu'il trace, verse son lait dans nos coupes, nous nourrit de sa chair, et, *Vive la vacca !*.... Si l'on en croit la légende, la Vallée d'Ossau lui devrait ses Eaux-Bonnes !

Au reste les honneurs ne lui ont pas manqué : en reconnaissance d'un règne patriarcal, les Égyptiens ont élevé des autels à Apis. Il y avait bien un peu du souvenir des Pharaons, dans le veau d'or que les hébreux, impatients de l'absence de Moïse sur le mont Sinaï, adorèrent dans le désert. Jupiter, pour tromper Europe, prit la forme d'un taureau. Pour échapper à la fureur du maître des dieux, Apis s'était contenté de la peau d'un bœuf; mais aussi, du fils de Niobé au roi de l'Olympe, il y avait bien de la marge. De nos jours, quelles gloires sont décernées à ce roi du mardi gras, dont la marche triomphale finit à la roche tarpéienne !

Et vous ingrats Ossalois, qu'avez-vous fait pour votre vache légendaire; lui avez-vous consacré une statue..... une statuette seulement ?

Vous n'avez même pas su nommer la source qu'elle vous a donnée; c'est Gaston-Phœbus qui dans une de ses chasses, l'a baptisée du nom de *butte du trésor* (1); et si les soulèvements plutoniques ne lui avaient forgé un monument, vous vous seriez contentés de capter le *Pactole* dans un coin obscur de vos thermes.

Depuis 1868, M. Lombard est le fermier des Etablissements Thermaux des Eaux-Bonnes qui sont au nombre de trois : (1)

---

(1) Panorama de Pau, f. 16, par Dugenne.

(2) Son bail, d'abord de 9 ans, vient d'être augmenté de cinq années, il jouira des bains d'eau douce à la charge d'aider momentanément la commune à achever les établissements d'Orteig et d'hydrothérapie.

L'ancien établissement près de la chapelle,
La source froide en face de l'asile Ste-Eugénie,
Et le nouvel établissement d'Orteig, au bas de la rue de la Cascade.

Près de ce dernier et sur le gave même, on a installé des bains d'eau douce.

Tarif pour la vente de l'eau minérale. (1)

L'eau mise en bouteilles bouchées, cachetées et capsulées pour l'exportation, se vend, livrée à l'établissement, verre et emballage compris, à raison de

75 cent. la bouteille de 1 litre ;
70 cent.   id.   de 75 centilitres ou 3/4.
60 cent.   id.   de 50   id.   1/2.
50 cent.   id.   de 25   id.   1/4.

Les personnes qui veulent faire remplir leurs bouteilles pour leur propre consommation paient, tous frais compris, sauf l'emballage,

31 centimes par bouteille de 1 litre rincée, bouchée, et capsulée;

26 cent., 21 cent. et 16 cent. par bouteille de 3/4 de litre, 1/2 litre et 1/4 de litre.

Tout remplissage pour le commerce se fait en bouteilles fournies par le fermier, ces bouteilles offrant seules les garanties suffisantes pour l'exportation de l'eau.

(1) Tout ce qui suit est extrait du cahier des charges.

L'usage de l'eau pour boisson sur place est de 10 francs par personne, excepté pendant les mois de juillet et d'août où il est de 15 francs. L'eau ne peut être transportée à domicile que pour la consommation locale.

Les ouvriers, domestiques et autres travaillant à la journée paient 2 francs par saison.

Il n'est rien exigé des personnes qui visitent l'établissement et boivent l'eau pour la goûter.

Tarif des Bains.

Les ouvriers, domestiques et autres travaillant à la journée, paient 50 centimes par bain ou douche, linge non compris.

Les personnes de toutes les autres classes paient :

Pour un bain ordinaire pris dans l'intervalle de 7 à 10 heures du matin depuis le 1er juillet jusqu'au 15 août, deux francs ;

A toutes les autres heures de la journée et pendant tout le reste de l'année, un franc.

Néanmoins, le fermier est tenu, sur la demande du médecin inspecteur, quelle que soit l'époque de l'année et l'heure du jour de donner des bains ordinaires au prix de un franc aux malades reconnus dans l'impossibilité de payer deux francs :

Pour une douche. . . . . 1^f
Pour un bain à vapeur. 1
Pour une douche ascendante. . . 1

Pour un bain de pieds. . . . . . 0 75°
Pour un bain ordinaire *à domicile*. 1 75
Un bain de siége   id.   0 60
Un bain de pieds   id.   0 50

Le prix du linge pour bains ordinaires est ainsi fixé :
Un peignoir. 0f 20c
Une serviette. 0 10
Un fond de bain. 0 30

Le prix du linge pour bains médicamenteux est réglé comme il suit :
Un drap ou peignoir froid . . . 0f 20c
Un drap ou peignoir chaud. . . 0 30
Une serviette froide. 0 10
Une serviette chaude. 0 15

Une couverture de laine (abonnement pour toute la saison) cinq francs.

Il est fourni gratuitement aux indigents des bains, douches et boissons dans les établissements appartenant à la commune, depuis le 15 septembre jusqu'au 1er juin.

Les bains douches et boissons sont aussi fournis gratuitement, sans distinction d'époque, aux malades admis à l'hôpital des Eaux-Bonnes et aux militaires en activité de service, jusqu'au grade de sous-officier inclusivement, qui se présenteront avec un ordre du ministère de la guerre, d'un chef de corps ou d'un médecin en chef des hôpitaux militaires.

Les indigents devront être porteurs de passe-ports ou de certificats d'indigence, etc.

Les personnes désignées dans les paragraphes qui précèdent, ne pourront se baigner dans les sources de 5 à 9 heures du matin.

Le fermier est tenu de chauffer les linges de bain aux personnes jouissant de la gratuité qui veulent les fournir elles-mêmes; si les personnes se servent du linge de l'établissement, elles le paient au prix du tarif.

Aucune rétribution autre que celles ci-dessus détaillées ne peut être exigée.

(Extrait du cahier des charges.)

MUSIQUE.

La musique est un superflu nécessaire, indispensable même dans l'intérêt des Eaux-Bonnes; mais ce serait une erreur de la part de ceux qui la dirigent, quels que soient leur habileté et leur talent, s'ils comptaient sur les bénéfices du théâtre, des concerts et surtout de la musique de chambre, pour parfaire l'insuffisance de l'allocation de la commune.

Il y a plus de petites bourses que de grandes, et l'on ignore peut-être au prix de combien de sacrifices, beaucoup viennent aux Eaux-Bonnes. Si l'on pouvait pénétrer les mystères de privations que cachent bien des visages souriants de l'espoir de la vie, on serait péniblement surpris.

Il manque aux autres la *force*, ou le *temps* d'aller au Casino.....

Celui qui croirait que la vie des Eaux-Bonnes est une sinécure se tromperait étrangement.

On a donné de l'homme cette définition bizarre :

« *L'homme est un tube digestif percé des deux bouts.* »

Ne riez pas !

Cette définition est parfaitement juste aux Eaux-Bonnes.

A peine êtes-vous éveillé, qu'il faut vous hâter à la buvette pour prendre votre premier verre d'eau.

Peut-être n'en buvez-vous qu'une cuillerée ?

Mais cela ne fait rien à ma démonstration.

Après avoir bu, il faut prendre de l'exercice pour aider la digestion.

Donc, premier verre d'eau, premier tour de promenade.

Une heure après, deuxième verre d'eau, deuxième tour de promenade.

Voici le déjeuner; troisième tour de promenade.

Dans l'après midi, troisième verre d'eau, quatrième tour de promenade.

Une heure après, quatrième verre d'eau, cinquième tour de promenade.

Enfin, la cloche du dîner vous appelle..... en sortant de table, sixième tour de promenade pour cette sempiternelle digestion. Après un tel exercice, le corps éprouve le vif désir d'un repos qui, d'ailleurs, fait partie du régime.

On ne subit donc pas sans fatigue ce genre de traitement, d'autant mieux que les eaux finissent par vous *éprouver* à mesure que le docteur augmente la dose que vous prenez.

Ne citez pas de Thou et son Allemand..... évidemment, à cette époque les hommes étaient plus grands ou les verres plus petits. Aujourd'hui, si chacun jaugeait les eaux de cette façon, il faudrait, pour aborder la buvette, commencer à faire queue depuis Laruns, on tarirait la source, et on finirait comme la grenouille de la fable (1).

Quant à ceux qui ne sont ici que pour leur plaisir, ils passent toute la journée à cheval ou à pied dans la montagne, et lorsqu'ils arrivent le soir poudreux et fatigués, la musique a bien souvent tort. J'en connais qui l'adorent, et qui de plus sont fous de théâtre; eh bien! pendant les *deux ou trois mois* qu'ils passent aux Eaux-Bonnes, ils ne parviennent pas à aller plus de *deux ou trois fois* au casino.

Et cependant, je le répète : il faut de la musi-

---

(1) Une grenouille vit un bœuf.....

que, il la faut bonne, et pour l'avoir ainsi, il est juste de bien la payer. En égayant les eaux, on en augmente l'efficacité par la distraction, et on y attire plus de monde. Que la commune ouvre donc largement la main; en semant l'harmonie, elle récoltera des billets de banque.

JARDIN DARRALDE.

Le torrent de la Soude (1) descendant près de la butte du Trésor, traversait tout le jardin Darralde pour venir se jeter dans le Valentin vers la maison Sécula. Non seulement on ne pouvait pas se promener; on ne savait où mettre le pied; mais les sens les plus délicats étaient blessés par ce torrent tapageur qui emportait, à ciel ouvert, des choses sans nom. C'était intolérable! On mit la main dessus. Il fut bel et bien enfermé dans un cachot de pierre; pour plus de sûreté, l'administration lui plaça le bureau de police sur le dos, et cacha sa tombe sous les arbres du Jardin Anglais. Maintenant, il remplit, silencieux, ses fonctions municipales de grand égout *de la ville*, ne se réveillant qu'aux jours d'orage. Alors, gonflé par les eaux sous ses voûtes sonores, il roule des rochers avec un tel fracas, qu'il fait rêver de tremblements de terre aux maisons dont il traverse les fondations.

(1) Bruit.

Le jardin Darralde est la plus agréable de toutes les promenades, parce qu'elle est sous la main. C'est le salon de ceux qui n'en ont pas, le fumoir des désœuvrés, le préau des pauvres prisonniers auxquels la souffrance ou le docteur interdit un plus long parcours, la salle de récréation des bambins et la *petite provence* des nourrices. C'est le taux de la bourse, et surtout de la vôtre. Le jardin est-il terne, silencieux, sans toilettes, en tenue de malade? mois de juin.... vous paierez tout bon marché, depuis votre logement jusqu'à votre carte d'eau. Si, au contraire, les sorties de table sont bruyantes, les robes splendides, les costumes fantastiques, les chevaux fringants sous les fouets des guides; (car il faut espérer qu'on n'empêchera pas toujours de claquer; le fouet est la gaité des eaux, la vie de la montagne, la distraction de ceux qui ne peuvent s'amuser, des pauvres malades enfin;) si vous êtes piétiné par les ânes, écrasé par les voitures; vive la joie!... C'est le joli mois de juillet et la moitié d'août; le vrai bon temps; mais vous le paierez cher, jusqu'au moment où les vacances couvriront les pelouses de cravates blanches et d'uniformes de collégiens.

Voulez-vous vous reposer gratis? prenez un banc. Si vous mettez seulement le bout du doigt sur une chaise, il vous en coûtera 10 cent.; l'abonnement pour toute la saison est de 2 fr. par personne.

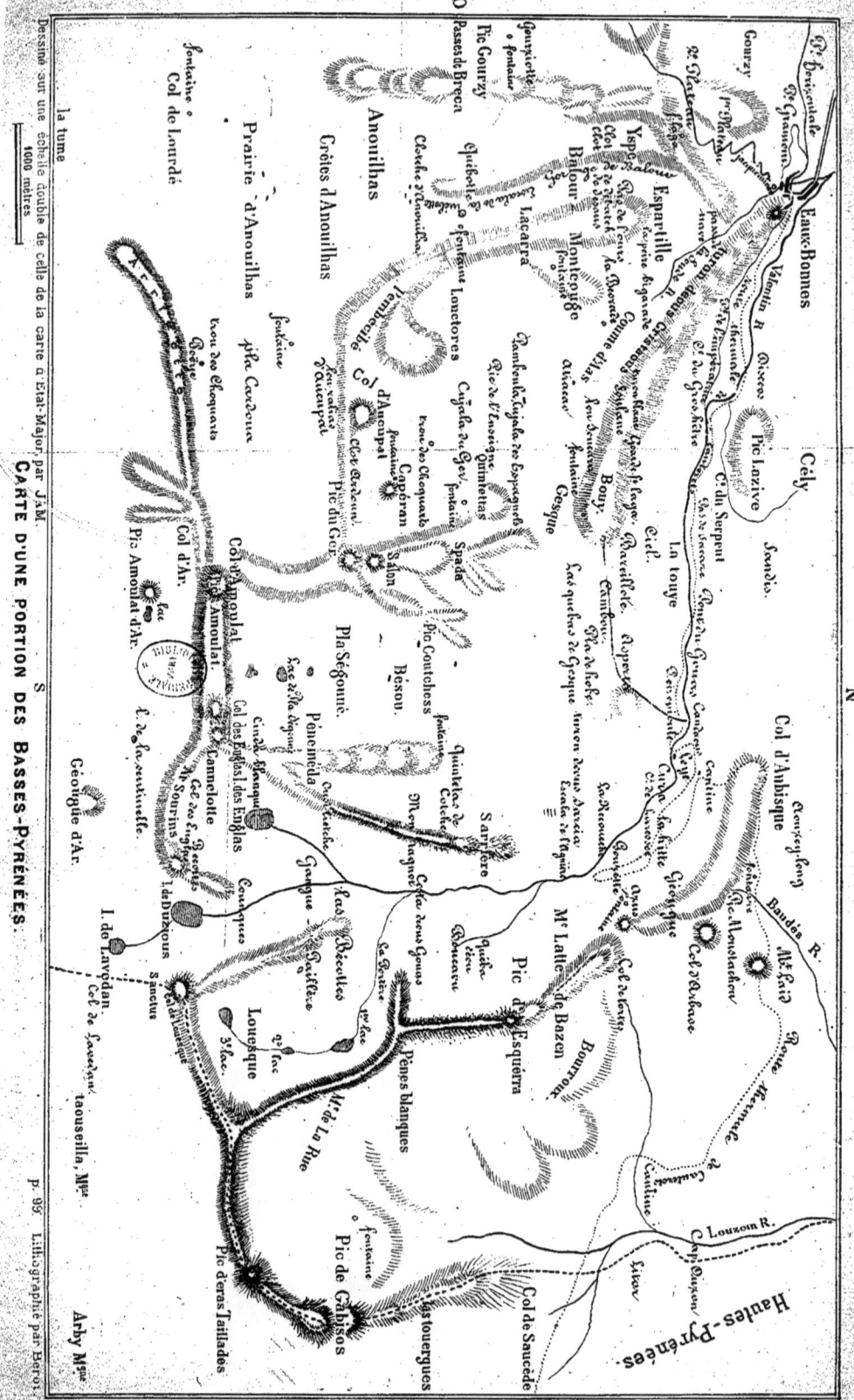

PROMENADE HORIZONTALE.

Ainsi que l'indique une inscription scellée dans le rocher, les Eaux-Bonnes doivent la promenade horizontale à la généreuse initiative de MM. le comte de Kergorlay, Alexandre de Ville, Ad. Moreau et le comte Dulong de Rosnay. M. de Livron offrit gratuitement le terrain qui lui appartenait sur tout le parcours du chemin, et un certain nombre de souscripteurs joignirent leurs offrandes à celles des fondateurs.

« A la fin de 1843, les commissaires, par une déclaration inscrite aux registres des délibérations du conseil municipal d'Aas (1), firent à la commune la

(1) Les Eaux-Bonnes dépendaient alors de cette commune.

remise du chemin horizontal, avec invitation de le conserver, de l'entretenir pour les baigneurs à venir, et *sous la condition expresse que le passage des chevaux y serait interdit, ce chemin devant être exclusivement réservé à tout jamais aux promenades à pied.* » (1)

Malgré cette sage précaution, les personnes qui vont à cheval au Gourzy, sont bien obligées d'y passer jusqu'à ce qu'elles aient gagné l'embranchement de la promenade Gramont, et comme cet endroit est déjà obstrué par les cabanes de marchands et toutes les petites industries des Eaux-Bonnes, ce n'est pas sans inconvénients pour les promeneurs.

En se retournant au premier coude, sous le parassol qui ombrage un banc circulaire de fil de fer, l'œil fouille tous les détails de Louctores et du pic du Ger (2). C'est surtout après dîner qu'il faut admirer ici un effet saisissant d'opposition de lumière, lorsque la Coume (3) et le Pembécibé (4) dorment déjà dans l'ombre, et que le soleil couchant que nous ne voyons plus, rougit les cimes du Ger toutes resplendissantes.

Si les jeux de toupie n'étaient pas si courus, on croquerait ces beaux hêtres qui les ombragent ; mais où se mettre pour dessiner ? La foule des joueurs est assez compacte pour intercepter parfois la circulation ; on fait queue, on s'inscrit d'avance, et il faut un secré-

(1) Moreau, f. 222.
(2) Page 52, l. 22 et page 54, l. 26 du Guide.
(3) Vallon.
(4) Tout le massif qui du côté de l'O. appuie le pic du Ger.

taire pour tenir le grand livre où chacun a son *avoir* et son *débet.*

Lorsqu'après avoir dépassé les dernières boutiques, le tournant est occupé par un petit châlet photographique, il est curieux de voir avec quelle industrie on construit des appareils hydrauliques pour recueillir l'eau limpide qui suinte de la montagne. C'est le *Tussilago farfara* L. qui en fournit les matériaux. Sans feuillage et tout grelottant, il a épanoui ses pinceaux d'or en février. Aujourd'hui, ses fleurs sont passées, et il couvre les pentes humides, de grandes feuilles vertes doublées de futaine blanche. Assujetties sur le bord du chemin avec une pierre, ce sont elles qui servent de gargouilles aux manipulateurs du Collodion. La villa Pamphilie et Versailles s'enorgueilliraient des pittoresques rocailles qui se penchent sur les promeneurs. *(Saxifraga Aizoïdes L. — Pinguicula grandiflora Lam.)*

Pour élargir la voie, on a coupé la roche, elle commence à revêtir la livrée des années, et paraît un peu moins dépaysée à côté de ses voisins séculaires; mais c'est l'hiver qu'il faut la voir, lorsqu'elle verse, en une belle nape d'eau, les écoulements du Gourzy, et qu'elle effondre le sol. *(Parnassia palustris L. — Brunella grandiflora Mœnch var. y. pyrenaica Nob.— Caluna vulgaris Salib. — Erica vagans L. — Gentiana campestris L.)*

C'est sur les jeunes frênes qui bordent la promenade que vous trouverez l'*Acanthoptère Rosalie* (*Acanthopterus Alpinus* L.).

En face du pavillon, dans les traînées de cailloux qui ne sont pas encore bien garnies de gazon, un peu avant sur le bord du chemin, un peu après et dans les buissons au-dessus ; on voit fleurir en septembre un *gentiana* d'un jaune pâle, voisin du *Germanica* Willd. et du *Campestris* L. Il n'est cependant ni l'un ni l'autre. Le Germanica a la corolle divisée en *cinq* lobes égaux, celui-là n'en a que *quatre*. Le Campestris a la corolle d'un *bleu foncé* à quatre lobes *larges* et *obtus* et fleurit en août ; celui-là a sa corolle *jaunâtre*, ses quatre lobes sont *lancéolés aigus* et il fleurit en septembre. Si j'étais forcé de prendre un parti, je dirais que c'est une forme *tétramère* du *Germanica*.

Quelques pas plus loin : *Dryas octopetala* L.

De petits montagnards perchés sur des rochers arrondis, comme des cornacs sur la croupe d'un éléphant, vous gratifieront de glissades et de sauts basques acompagnés d'*Arénilhetz*..... Aou ! Aou !..... l'exercice *du petit sou* que vous connaissez déjà.

Après un bloc erratique d'ophite, et de chaque côté du premier pont, (*Teucrium pyrenaicum* L.) plus loin mais en septembre (*Gentiana ciliata* L. — *Gentiana pneumonanthe* L.)

Vous aimerez à venir ici entre trois et quatre heures du soir, lorsque le soleil brisant ses rayons sur les Crêtes de Barca, envelopera le velours de leurs pelouses d'une traînée vaporeuse, et inondera de lumière la croix grecque de Laruns. C'est là qu'à la tombée de la nuit, vous pourrez interroger le nord pour savoir si le lendemain sera propice aux excursions. (¹) On ne se lasse pas d'admirer cette vallée d'Ossau, « dont la vague perspective s'entr'ouvre comme l'avenir aux yeux de l'espérance. »

La promenade Horizontale a 1,700 mètres et elle aurait probablement d'avantage, si elle n'était venue se heurter contre « un Ossalo-Normand avide et chicanier, qui a mis son champ à un prix devant lequel pâliraient les terrains des Champs-Elysées ou de la rue de Rivoli. » (2)

(1) Guide Jam, p. 8, l. 27.
(2) Moreau, p. 222.

PROMENADE GRAMONT. (1)

Cette promenade porte le nom d'une grande famille du Béarn. C'est en souvenir de l'hospitalité qu'il avait reçue chez le chancelier de Gramont, que Michel Montaigne, en 1660, appelait les Eaux-Bonnes *Gramontaises*. Le plus connu des membres de cette famille, qui depuis la réunion du Béarn à la France, a possédé sans interruption le gouvernement de cette province, (2) était le comte Philibert, si célèbre par son faste, son esprit et sa galanterie. Il avait la réputation d'être le meilleur *conteur* de France, et se prétendait de la famille royale, par la belle Corisande (3). « Il n'a tenu qu'à mon père, disait-

(1) L'ortographe des Gramont du Béarn ne comporte qu'une m.
(2) Dugenne, f. 378.
(3) P. 42.

» il, d'être fils légitime d'Henri IV..... Le roi voulait
» à toute force le reconnaître, et jamais ce traître
» d'homme n'y voulut consentir. » Au reste les
Gramont étaient *seigneurs souverains* de Bidache.

La promenade dont nous parlons ici se sépare de
l'*Horizontale* en face du bureau du télégraphe, monte
en lacets, sous bois, jusqu'à un kiosque rustique
qui regarde vers Laruns, puis revient brusquement
à l'E. en serpentant sous les branches tordues des
vieux de la montagne. Quelques-uns de ces hêtres
séculaires sont creux; je vis sortir, un jour, sept
personnes de l'un d'eux. (1) MM. Félicien David et
Vidal avaient eu l'ingénieuse pensée de greffer les
églantiers qui, dans cette partie du Gourzy, se rencontrent à chaque pas; mais la jalouse montagne
a étouffé sans pitié ces belles intruses. A la fin
d'août, le bois est rempli de cèpes (*Boletus edulis*)
très-bons à manger.

Au moment où on sort du couvert, une éclaircie
dont l'installation laisse à désirer, surtout pour les
enfants, domine complètement le village. A l'E. les
marches du *Turon deüs Cristaoüs* s'élèvent jusqu'au
pic du Ger. (*Hiéracium nobile* G. G.)

En tournant immédiatement à droite, on entre
dans *Jacqueminot*; c'est la route du Gourzy, des
Eaux-Chaudes par la montagne, du pic du Ger à
cheval, et du lac d'Artouste par le col de Lourdé.

(1) Pour les papillons, voir le guide Jam, p. 99, l. 11.

Gramont continue à l'E. pour descendre aux Eaux-Bonnes par un lacet bordé de buis. Il est facheux qu'on n'ait pas élargi davantage cette descente, et particulièrement le premier passage contre le rocher, où une femme risque facilement d'accrocher son amazone; on aurait pu alors interdire complètement aux cavaliers, le commencement de l'*Horizontale* qui est toujours encombré d'une foule de promeneurs.

On entend bientôt murmurer sous les rochers une source qu'on a emprisonnée dans mille circuits pour l'écarter de la chapelle, ce qui ne l'empêche pas d'en passer si près, qu'elle y produit un bruit désagréable : on dirait une averse continuelle.

Sur les grandes lames de rochers calcaires qui descendent à droite : *Potentilla alchemilloïdes* Lap.—*Teucrium pyrenaicum* L.—*Dryas octopetala* L.—*Aquilegia pyrenaica* DC. un peu plus loin, au-dessus de la *source froide* : *(Anemone Hepatica* L.*)*.

Chaque promenade a son heure, c'est surtout après déjeuner que l'on apprécie les ombrages de celle-ci; de ce côté, elle vient aboutir au-dessus de la chapelle, derrière la maison de Mademoiselle Bonnecaze.

PROMENADE JACQUEMINOT.

Nous avons vu tout à l'heure le commencement de la promenade Jacqueminot. J'ai déjà parlé d'elle en allant aux Eaux-Chaudes (excursions à pied, p. 100), je n'y reviendrai pas. Depuis que le général Jacqueminot l'a fait tracer à ses frais, elle a été considérablement élargie et rectifiée; on y a construit de véritables travaux d'art pour passer sur les roches polies qui la sillonnent du haut en bas. (*Stachys alpina* L. — *Adenostyles alpina* Bl. et Fing. — *Clandestina rectiflora* Lam.) Aujourd'hui, on pourrait presqu'aller en *panier* jusqu'au premier plateau du Gourzy ; il n'y a que les tournants des lacets qui en empêcheraient.

PROMENADE DE L'IMPÉRATRICE.

Cette ravissante promenade de 1,700ᵐ de parcours, la rivale de l'*Horizontale*, a été créée en quelques jours, d'après les ordres de l'Impératrice, et sous la direction de M. Onfroy de Bréville. A un moment convenu, toutes les mines étant chargées d'avance, une immense explosion ouvrit, abaissa ou nivela les flancs de la montagne dont les éclats descendirent jusque dans le village.

Elle s'élève par une pente rapide entre la source froide et l'Asile Sᵗᵉ-Eugénie, tourne le dos à la *coume d'Aas* (1), et séparant, par une tranchée, la butte du trésor du *turon detts cristaotts* (2), elle court à l'E. suspendue entre la montagne et la route de Cauterets.

(1) Vallon d'Aas.
(2) Tertre des cristaux.

Par une belle journée de juillet, j'y fus témoin d'un singulier combat entre un énorme cerf-volant et un grand-mars. Tandis que le scarabé grimpait pesamment sur le tronc d'un jeune chêne, saccadant sa marche à droite et à gauche. Son brillant adversaire tantôt d'un bleu chatoyant, tantôt d'un noir velouté selon l'inclinaison qu'il présentait à la lumière, s'était posé à quelques centimètres et s'avançait lentement, sur ses pattes fragiles qui ne sont pas faites pour la marche. Quand il fut à portée, relevant ses massues d'un air furibond, il heurta hardiment la cuirasse du cerf-volant. La lourde bête parut stupéfaite de tant d'audace; elle s'accula à un morceau d'écorce, et se dressant sur ses pattes de devant, elle ouvrit ses cornes menaçantes. Loin de reculer, le hardi lépidoptère le frappa alors à coups redoublés avec ses ailes. Puis fier de son triomphe, il décrivit un cercle brillant au milieu du feuillage, et vint recommencer la lutte qui dura le temps d'aller chercher un filet.

La promenade de l'Impératrice, bravant les ardeurs du soleil à l'ombre de ses grands hêtres, est plutôt une route qu'une promenade. Les voitures y courent à quatre chevaux, les cavaliers y galopent, et les modestes piétons trouvent, dans sa largeur et sur ses bancs, un abri contre tant d'impétuosité. Tracée dans les boues glaciaires, elle demande de fréquentes réparations ; les eaux, en s'infiltrant au travers des cailloux roulés et des blocs erratiques, ont coagulé ces diverses matières, et en ont formé un béton menaçant au-dessus de la tête des promeneurs. Les passants admirent, avec inquiétude, une masse ronde qui peut peser quelques milliers de kilos, et qui sortant tout entière de ce poudingue, à 20^m de haut, y semble collé avec un pain à cacheter.

Une pittoresque rotonde laisse voir les chutes du *Valentin*, il se hâte vers sa grande cascade. Deux pas plus loin, la limpide fontaine qui arrose le chemin, sort comme un tube de cristal de sa plaque de marbre.

L'embranchement rejoint la route de Cauterets à la cascade de *Discoo*; mais la promenade continue à dessiner les contours *(Zygœna scabiosœ)* de la montagne jusqu'à la source énorme qui surgit à droite. Son volume est assez considérable, pour qu'on en ait pris la moitié, qui, enfermée dans une chambre de maçonnerie, va approvisionner les propriétaires des Eaux-Bonnes. Le reste passe sous le chemin et se précipite en cascatelles jusqu'à Discoo. Au milieu des rochers de la source elle-même : *Saxifraga hirsuta* L. — *Clandestina rectiflora* Lam. — *Orobanche major* L. —*Monotropa hypopithys* L. En suivant le cours de l'eau au-dessous de la terrasse : *Cardamine latifolia* Vahl —*Parnassia palustris* L. — *Anagallis tenella* L. —*Veronica Poncœ* Gouan. — *Saxifraga Aizoon* Jacq.

Traversant alors le torrent sur un pont de 25^m de hauteur, la promenade après divers circuits (*Apollon*) vient aboutir à la cascade du *Gros-hêtre*, (*Astrantia major* L.) qui s'élance d'un seul bond, et perpendiculairement, à une profondeur de 30^m. (*Pinguicula grandiflora* Lam. — *Erinus alpinus* L. — *Meconopsis cambrica* Vig.

Vous chercherez vainement l'arbre qui lui a donné son nom, il a été roulé dans les abîmes. Le torrent qui lui prête ses eaux, vient des lacs de Lavedan, de Duzious, des Englas et de Louesque. Le pont passe par dessus, et un lacet ingénieusement disposé, se termine par une terrasse presqu'à ses pieds. C'est la seule cascade que vous verrez d'aussi près, se tordre dans les vasques qu'elle a taraudées, chercher une issue, s'arrondir gracieusement pour regarder le vide, et prise de vertige, s'y précipiter comme une folle.

PROMENADE EYNARD.

Quoique son aînée, la promenade Eynard est une succursale de l'Impératrice qui passe fièrement au-dessus d'elle en agitant les grelots de ses équipages. Réservée aux piétons qui s'y rendent à pas lents par la galerie du Casino, elle a une prédilection particulière pour les amateurs de solitude qui fuient le bruit et le soleil. Elle les dorlotte sur sa pente en colimaçon dont rien n'égale la douceur, leur offre des bancs à chaque pas pour les retenir plus long temps, et va finir, à regret, à la butte du Trésor où elle rejoint la promenade de l'Impératrice. Le tir Lissonde, caché à l'extrémité d'un de ses lacets, trouble seul son repos. Elle porte le nom de M. Eynard, le philhellène Gènevois, qui en a doté les Eaux-Bonnes.

PROMENADE DU VALENTIN.

Cette cascade, la plus considérable des Eaux-Bonnes, est tellement délaissée, que beaucoup l'ignorent quoiqu'elle soit dans le village même. Après avoir passé devant la maison de Lanusse, on prend le chemin qui descend au coin de la fontaine. Il faut marcher avec précaution; car nous traversons les gémonies. Il est incompréhensible, qu'ici, où il se fait pendant la saison une quantité considérable d'excellent fumier, on ne trouve rien de plus profitable que de le jetter dans le gave.

Regardez, aujourd'hui sans crainte, ces roches lamellées en dos d'éléphant, qui sont posées les unes sur les autres comme des feuilles de papier gris; on y a planté de gros clous de fer pour les empêcher de glisser sur vous. C'est un peu plus bas que Mme la M^{ise} de T..... fut emportée par un de leurs éclats. Le choc fut si foudroyant, et la disparition si instantanée, que son mari et sa mère, Mme la Ctesse de B...., qui l'accompagnaient, ne surent d'abord où la chercher. Son corps ne fut retrouvé que plusieurs heures après de l'autre côté du gave (1). Je ne vois plus la funèbre inscription ; elle était près du terre-plein où l'on s'arrête pour regarder la cascade. Ici vous n'êtes qu'à moitié de la chute, si vous voulez l'apercevoir se précipiter tout entière sur son plan incliné, il faut braver le mauvais sentier qui serpente sous les ronces. Alors, elle va vous inonder de poussière et vous assourdir. Ce n'est plus la majestueuse simplicité de celle du Gros-hêtre ; fendue en deux par un môle qu'elle aura bientôt déraciné, elle se rue, avec un désordre fougueux, dans le bassin qui est à ses pieds.

(1) F. Rivarès, f. 1.

CASCADES.

Promenades en voiture.

On peut, en deux heures et demie, visiter toutes les cascades, excepté celle du Valentin qui n'est accessible qu'à pied.

Il est indifférent de partir par la promenade de l'Impératrice ou par la route de Cauterets; seulement, si l'on commence par l'une il faut revenir par l'autre. Passons par la seconde si vous voulez. Elle cotoie le Valentin jusqu'à la cascade de Discoo; si vous êtes amateur de pêche, vous saurez que les truites ne remontent pas plus loin.

Cette cascade serait plus belle si l'on pouvait mieux en jouir; mais il est difficile de se risquer sur ce routin de chèvre qui va la regarder en face.

Pour les peintres, le Valentin est impossible, le Gros-hêtre trop humide, le Serpent un filet d'eau, Larressec un égout bourbeux ; mais Discoo, avec ses grottes, ses conques où dorment des cailloux d'argent et ses jets entrecoupés qui déconcertent la lumière, devrait être dans tous les albums. Le pont qui la traverse, n'est qu'une masse informe; cependant, il étage les plans sous son arche, distribue les ombres, et fait saillir la blancheur des trois masses d'eau qui vont rouler, en écumant, dans leur bassin de verdure.

A un kilomètre de là, sur la gauche, la cascade du Serpent descend des hauteurs de Sandis, et porte bien son nom. Rampant, comme une couleuvre d'argent, sur une grande roche brune, elle se traîne, de bassin en bassin, au pont de Cély où elle glisse sous les décombres.

La voiture va monter au pas jusqu'à Larressec, et vous avez tout le temps de suivre des yeux la jolie excursion d'*Asperta* (p. 27 du Guide). Voyez à vos pieds le pont blanc de l'*Artigao*, les mamelons de *Ciel* couverts de buis et de lys martagons, la prairie de la *Touye* qui dort au bord de son petit gave, et la *Teste du Goua* qui commande le vallon. Si vous avez de bons yeux, regardez sur ces pentes de gazon qui sont colées aux flancs du *Turon deous Cristaous* : le matin, lorsque les bruits du jour n'ont pas encore effarouché les izards, vous pouvez les apercevoir, courir, glisser, bondir en se jouant sur ces talus qui, même d'ici, vous donnent le vertige. Au-dessus de la gorge d'*Asperta,* apparaissent : le *Ger,* les *Coutchess* et même un coin de *Pénemeda.*

Au pont du *Goua,* la route se retourne au midi pour monter à l'ombre des vigoureux sapins de *Peirepioule,* pendant que la lumière se joue à l'horizon sur les nuances chatoyantes des montagnes de Laruns.

Bientôt le torrent aboie dans les cascades de *Héche*, et vous annonce l'approche du cirque de *Leye* où vous entrez par un chemin de ronde comme dans une place forte. Si vous ne craignez pas de dessiner debout, mettez-vous entre la montagne et le pont de *Héche*, sur le bord du gave. Le pont pour premier plan avec l'eau qui couvre ses piles d'écume, le beau groupe d'arbres qui se balancent au-dessus de la cabane des gardes, et le col de Tortes dans le fond, font un joli croquis.

Laressec ne mériterait pas la course si elle n'était encadrée dans son joli vallon de Leye ([1]), et les paccages de *la Cura.*

C'est ici que M. Martin (juge à Romorantin) a retrouvé le *Cirsium rufescens* de Ramond. Je dois à l'obligeance de M. Crété (de St-Quentin), le magnifique échantillon que je possède. Cette belle plante, assez commune dans les bois de Bédous à Bagnères, avait échappé aux recherches des botanistes distin-

(4) P. 66 et 67 du guide Jam.

gués à qui nous devons la flore de France de Grenier et Godron. (1re éd. 1848.)

Au retour, on quitte la route de Cauterets avant le pont de Cély, suivant à gauche l'embranchement qui rejoint la promenade de l'Impératrice en passant par le Gros-hêtre.

Voici les autres promenades que l'on peut faire en voiture :

Col d'Aubisque, 11 kil. 1/2, 3 heures pour aller, 1 heure pour revenir.

Col de Saucède, 20 kil., 5 heures pour aller, 3 heures pour revenir.

Oasis, 15 kil., 1 heure 1/4 pour aller, 1 heure 1/2 pour revenir.

Izeste, 20 kil., 2 heures pour aller, 2 heures 1/2 pour revenir.

Eaux-Chaudes, 8 kil., 1 heure pour aller, 1 heure pour revenir.

Gabas, 16 kil., 2 heures 1/2 pour aller, autant pour revenir.

COLS D'AUBISQUE, DE SAUCÈDE

ET DE TORTES.

Excursion en voiture et à pied.

Tout le monde peut faire cette excursion qui ne comporte que trois heures de marche *à pied;* le reste se faisant en voiture.

Des Eaux-Bonnes au col de Saucède, il faut 5 heures en voiture.

En revenant du col de Saucède à la cantine 1/2 heure toujours en voiture.

De la cantine au col de Tortes, à pied, deux heures, *en montant.*

Du col de Tortes à Gourette, 3/4 d'heure à pied *en descendant*, le reste en voiture.

Ainsi que je l'ai indiqué dans le chapitre précédent, des Eaux-Bonnes au col d'Aubisque, on met 3 heures en voiture ([1]). 1 kil. après le col d'Aubisque,

[1] Guide Jam, p. 151.

vous traversez, sur un pont, le ruisseau de *Baudès* qui se jette dans le *Louzom*. (*Saxifraga aizoides* L. *Gypsophila repens* L.)

Laissant, sur la droite, *Arbase* qui était autrefois couvert de forêts, vous descendez le long du pic *Moustachou* et du mont *Laid* (1,892^m). A un tournant, vous verrez, à droite, une roche de spath dont les nombreux débris forment le parapet de la route. Quelques parcelles sont assez pures pour reproduire en double les objets que vous regarderez au travers ; ce qui est une des qualités distinctives du spath d'Islande. (*Aquilegia pyrenaica* DC.)

Après avoir laissé la cantine qui est sur la gauche, le Gabisos vous apparaît avec sa corne, comme un taureau dans les nazeaux duquel on a fait passer la route de Cauterets pour l'enchaîner au sol. Entre ses pieds, s'échappent deux ruisseaux. Ils vont se réunir plus bas pour former le *Louzom*, qui voit sur ses bords *Litor*, *Bezio*, *Arbéost*, les *Ferrières*, *Callibets*, *Arthez d'Asson*, *Asson* et va se jeter dans le gave de *Pau* à *Claracq*.

Au moment de passer sous le petit tunnel, regardez les travaux qui suspendent la route au-dessus de l'abîme, (*Saxifraga oppositifolia* L.) et faites-vous conduire jusqu'au versant d'*Arrens*, pour jouir de la vue de la vallée d'*Azun*, du *pic du Midi d'Arrens* (2,266^m), de *Balaïtous* (3,145^m) et de *Palas* (2,976^m) au midi.

En revenant, quittez la voiture à la cantine, et envoyez-la vous attendre à *la Recouéche.*

Pour gagner le col de Tortes, il faut prendre les sentiers qui vous rapprochent le plus du mont *Laid.* Ne craignez pas d'appuyer à droite, vous vous perdriez dans les fondrières d'où sort le ruisseau d'*Arbase*, à sec une partie de l'été ; on doit s'élever de manière à aller rejoindre au N.-E. le sentier du *col d'Arbase.* Vous trouverez cette ascension un peu pénible en commençant ; mais vous vous en applaudirez plus tard. En marchant lentement, on ne met pas plus de deux heures pour atteindre le col de Tortes, dont les obélisques sont aussi étranges et bien plus nombreux de ce côté que sur le versant ouest.

Aster alpinus L. — *Leontopodium alpinum* Cass. — *Saxifraga Aizoon* Jacq. et Barrel. — *Saxifraga aizoides* L. — *Parnassia palustris* L. — *Arenaria montana* L. — *Saxifraga umbrosa* L. — *Oxytropis montana* DC. — *Oxytropis campestris* DC.

L'herborisation des crêtes de la *Géougue* (¹) [1,949ᵐ] est une des plus belles de ces contrées, même pendant le séjour des troupeaux qui ne peuvent atteindre ce cahos.

Mais cette ascension au col ? Elle n'en finit pas....

> Dans un chemin montant, sablonneux, malaisé,
> Et de tous les côtés au soleil exposé,
> Six
>
> personnes plus ou moins habituées à la

---

(1) Jument.

marche des montagnes, gravissaient péniblement le mont *Laid* et le *Moustachou* (¹), poussant des soupirs à fendre les rochers qui les forcent à lever la tête pour regarder le ciel, et maudissant ce sentier de caoutchouc qui s'allonge à mesure qu'elles le scandent en comptant leurs pas. Si au moins quelque brise s'égarait dans cet entonnoir!.... Mais, au contraire, tout semble conspirer à la fois : les bergers ont mis le feu aux rhododendrons (²); la flamme court en pétillant, se tord en longues spirales et obscurcit l'air qu'elle embrase.

Je ferai rarement cette excursion avec des êtres plus chers que ceux qui m'accompagnaient le 27 juillet 1868 (³), et Dieu sait qu'elle m'a valu plus de *malédictions* que les pires actions de ma vie. Je me rappelai que l'équipage de Christophe Colomb s'était aussi révolté, mais cette analogie avec un grand homme me fut d'une mince consolation.

Enfin, on fit halte au pied d'une avalanche, et nous puisâmes, dans ses neiges, l'énergie morale et physique qui commençait à nous abandonner. Bientôt de légers nuages vinrent adoucir les ardeurs du soleil et tamiser sa lumière.... Alors quel triomphe! La gaîté était revenue, on m'eût porté au Capitole.

(1) Alysier.
(2) Lorsque les rhododendrons envahissent les pâturages, les bergers y (p. 11) mettent le feu; l'année suivante, une herbe fine et épaisse pousse à leur place.
(3) Le Cte et la Ctesse d'A.....

Les nuages?. .... Que ne leur doit-on pas en excursion !

Pour tous, c'est le repos et la fraicheur; ils révélent au dessinateur, les plans qu'il ne soupçonnait pas; en répandant leurs étranges lueurs crépusculaires, ils amènent dans le filet de l'enthomologiste, des sphinx et des phalénes, qui, ordinairement, ne quittent leurs retraites qu'à l'approche de la nuit; d'autrefois, enveloppant la terre d'un voile immense et se déchirant seulement dans les sommets, ils nous montrent d'étranges visions dans les cieux entrouverts.

Les *Primula farinosa* L. et les *Horminum pyrenaicum* L. sont couverts de sphinx *Lineata. (G. Delaphila* B-D.) Ce lépidoptère descend jusque dans les jardins de Pau et n'est pas sans valeur; il y a quelques années, on le cotait, à Berlin, 50 fr. en échange.

Le *Lithospermum Gastoni* Bent. est le long de la *Latte de Bazen*, au bord des neiges.

Tout près du col; *Geum rivale* L. — *Saxifraga oppositifolia* L. — *Thalictrum macrocarpum* Gren. sur un rocher au milieu du sentier.

Au centre même du col, sur un petit mamelon : *Silene acaulis* L. — *Antenaria dioica* Gœrtn. — *Antenaria carpatica* Bl. et Fing. — *Androsace villosa* L. — *Dryas octopetala* L. — *Alchemilla alpina* L.

Grimpez au N. comme si vous vouliez monter aux obélisques de la *Géougue*, mais avec précaution, à cause des schistes qui glissent sous les pieds. *Potentilla rupestris* L. — *Globularia cordifolia* L. var. A. *nana* Lam., — *Thalictrum minus* L. — *Rosa pyrenaica* Gouan. — *Saxifraga muscoides* Wulf. — *Anthyllis montana* L. — *Sempervivum arachnoideum* L.

Il y a une bête morte dans les pâtis, entre la *Géougue* et *Arbase*, et malgré le brouillard qui est devenu assez épais, les vautours rasent le col en tombant des nues avec un bruit extraordinaire. Mon fusil était chargé pour tirer des corneilles et ne peut leur faire de mal. Nous entendons seulement les plombs frapper sur leurs grandes ailes, comme si on battait une raquette.

On trouve presque toutes les variétés de vautours dans les Pyrénées; mais le plus commun est l'*Arrian*, et c'est lui qui passe en ce moment. Le vautour (vultur, *a volatu tardo*) chasse à l'odorat comme le chien, c'est pourquoi on le rencontre aussi bien par le brouillard que par le beau temps, tandis que l'aigle qui ne chasse qu'à vue, est obligé de rester dans son aire lorsque ses yeux ne peuvent rencontrer le soleil. Sa livrée est sordide comme les charognes qu'il mange; aussi en sortant de la curée, il n'a pas besoin de nettoyer son plumage. Glouton, quand on a eu la chance de l'attirer avec les dépouilles de quelque malheureux âne ou de tout autre animal, s'il a commencé son repas, il ne sait plus s'en aller, et vole pesamment autour du chasseur qui le met par terre avec une balle ou des chevrotines. Paresseux, il a des ailes pour se transporter plutôt que pour s'élancer dans l'espace; ne pouvant s'enlever de terre d'un premier bond, il est obligé, pour prendre champ, de courir appuyé sur les grosses plumes de ses ailes toujours à demi usées et couvertes de fange. Le nombre le rend hardi : attablés sur une vache qui était morte à la *montagne verte*, une trentaine d'entre eux ont tenu quatre chiens de montagne à une distance respectueuse. Leurs forces réunies étaient assez considérables pour faire tourner cette énorme masse et la changer de place. Dans ces cas-là, ils poursuivent quelquefois les jeunes bergers qui veulent s'avancer trop près.

Si par un temps de brouillard, on a trouvé une bête morte, il faut se mettre au vent, c'est toujours par là qu'ils arrivent, tombant sur leur proie avec le même bruit que l'aigle, les ailes arrondies comme deux tuyaux.

Repu, il appuie sa tête sur son jabot plein, et se délecte des suintements immondes qui coulent de ses narines.

On peut l'apprivoiser au point de lui laisser la liberté; mais son intelligence se réduit à une affaire de digestion; c'est ainsi qu'il suit celui qui le nourrit. Du reste, rancuneux et poltron, il salit tout ce qu'il touche, et si on le corrige, il s'envole pour ne plus revenir.

Les temps d'épreuve sont finis, nous n'avons plus qu'à descendre. Tout est couvert de fleurs. Ici, autour d'une source glaciale, (elle disparaît malheureusement avec les neiges,) les *Primula Farinosa* L. — *Primula integrifolia* L. — *Primula intricata* G. G. — *Viola biflora* L. Avançons sur les deux profonds ravins qui fendent la prairie au S. : de l'autre côté du précipice, la montagne est à pic, et dans une de ses fentes nous apercevons un trou noir où les choquarts viennent se précipiter en se jouant. C'est une de leurs retraites inabordables.

Revenons au sentier et disséminons-nous dans la montagne.

Erinus alpinus L. (1) — *Gentiana acaulis* L. — *Gentiana verna* L. — *Myosotis alpestris* Schm. — *Arenaria montana* L. — *Polygonum viviparum* L. — *Potentilla alchemilloides* Lap. — *Veronica fruticulosa* L. — Var. B. — *Sempervivum montanum* L. — *Paronichia capitata* var B. *serpyllifolia* DC. — *Helianthemum canum* Dun. — *Polygala vulgaris* L. — *Astragalus monspessulanus* L. — *Potentilla rupestris* L. — *Silene acaulis* L. — *Ajuga pyramidalis* L. — *Leontopodium alpinum* Cass. — *Valeriana montana* L. — *Nigritella angustifolia* Rich. — *Alchemilla alpina* L. — *Rhododendron ferrugineum* L. — *Anemone Alpina* L. — *Petrocoptis pyrenaica* Braun. — *Viola cornuta* L. — *Geranium cinereum* Cav. — *Saxifraga Aizoon* Jacq. et Barrel. — *Saxifraga aizoides* L. — *Parnassia palustris* L. — *Cirsium eriophorum* Scop. *Saxifraga arctioides* Lap. — *Pedicularis tuberosa* L — *Trollius europœus* L. — *Asterocarpus clusii* Gay. —

(1) Vous trouverez l'Erinus à Pau au mois d'avril, mais pâle et décoloré.

Saxifraga muscoides Wulf. — *Onobrychis supina* DC. — *Lilium pyrenaicum* Gouan.— *Iris xyphioides* Ehrh. — *Arenaria purpurascens* Ram.

Ajoutez à cette récolte : les papillons *Procris*, *statices micans*, *Apollon*, *Mnémosyne*, les *Erebe*, *Stygne* et *Manto*, le *Satyrus Iphis*, l'*Hesperia Lavateræ* et la *Zygœna Anthyllidis*, B.-D.

Je dirai ici ce que j'ai déjà observé dans l'excursion de Plasségouné, p. 82, du guide Jam, en parlant de la Mnémosyne : l'Apollon est *oviduc*, c'est-à-dire qu'il a une poche sous le ventre pour porter ses œufs.

Voici l'inventaire de nos insectes : *Cérambix Héros*, *Carabus splendens*, *Saperda*, *Elater tauprus*, *Clituraritis*, *Feronia striata*, *Liophlem*, *Toxotus epusor*, *Perta*, *Elaphrus riparia*, *Astella salfaro*, *Asphodius fossor*.

Délassés par le plaisir de la cueillette et de la chasse, saturés de ce bon air des montagnes, nous descendons alors chargés d'iris et de rhododendrons, franchissant en courant le cahos de sapins où les débris de la Géougue et de Bazen sont venus s'accumuler. La belle fontaine d'Azus [1] accompagne dignement ces riches pacages auxquels elle donne son nom. Nous nous groupons autour d'elle dans des costumes aussi poétiques que grotesques, tandis

---

[1] Probablement *Aas sus* au haut des monts d'Aas. Ces paturages appartiennent à Béost qui les afferme à des habitants de St-Christau.

que la jeunesse, couronnée de fleurs, verse, dans nos coupes de cuir bouilli, la bonne humeur et la Chartreuse dorée.

Enfin, laissant les deux cabannes à droite, nous arrivons au *Cap de Apouiche* [1] qui longe la route de Cauterets, près du tournant de *La Recouéche*, [2] où nous attend la voiture.

---

[1] Le bout du petit hêtre.
[2] C'est à tort que l'on appelle cet endroit *Gourette* ; son vrai nom est La Recouéche. Gourette est en face, de l'autre côté du Gave.

LACS DES ENGLAS,

DE DUZIOUS ET DE LAVEDAN.

Seconde Excursion.

Nous avons déjà fait cette excursion par la route de Cauterets, Gourette et La Recouéche, p. 65, du *Guide*. Cependant, j'ai jugé intéressant de la recommencer par un autre chemin et à une autre époque. On y verra des sites nouveaux et des plantes différentes.

Départ à 3 heures du matin, le 10 juillet 1868 (¹).

---

(1) Pour l'enthomologie et la botanique, il est important de savoir l'époque des excursions. Les papillons surtout sont d'une grande exactitude pour leur éclosion. La floraison des plantes, bien que soumise aussi à des règles générales, dépend beaucoup plus de la fonte des neiges.

Nous remontons le torrent de la Soude. A la *Passade Nave*, on peut voir les travaux que la commune a faits pour capter une source ferrugineuse dont les émanations et les dépôts sulfureux laissaient espérer une augmentation dans le débit des sources thermales; malheureusement, cet essai a été infructueux.

Revenons au N. par le sentier qui monte à *Poursiougues* (1), *lous cou da gatse* (2), *Caou birou* (3) et *lous cristaoûs* (4). Un guide est nécessaire pour se débrouiller dans ces noms du pays (5).

Au *turon blanc* (6) vous trouverez les vestiges d'une mine de zing qui a été abandonnée. *La Soulane* (7) est un poste d'izards; mais plutôt pour les traqueurs que pour les tireurs. Laissez *La Goarde* (8) à gauche; c'est un pacage interdit aux bestiaux, qui courraient le risque de glisser dans le précipice; et descendez à la fontaine de *Laga* (9) en traversant le plateau de *Bouye*. Cette fontaine coule dans une grande auge, se perd dans le sable, suinte dans

---

(1) Bois jonché de broussailles. C'est à l'obligeance de Gaston Sacaze que je dois presque toutes ces étymologies.
(2) Les cous gâtés, ou les cous de chat.
(3) Vallon en tarrière.
(4) Les cristaux.
(5) Voir l'excursion de *Bouye*, p. 45 du Guide.
(6) Le tertre blanc.
(7) Paccage au soleil.
(8) La garde.
(9) Fontaine en bourbier.

une terrasse suspendue entre ciel et terre, et réunissant tous ses filets d'eau égarés, elle a creusé, avec les siècles, un fossé de vingt pieds qui de cascade en cascade, de baignoire en baignoire, traverse *Asperta* et va se jeter dans le Gave, au-dessous de la *Teste du Goua*.

Nous y prenons un *Urocère*. Ce curieux animal effraie, au premier abord, par sa ressemblance avec les grosses guêpes dont il a la couleur jaune et les rayures noires ; mais cette formidable épée qu'il porte par derrière et que vous prenez pour son aiguillon, est inoffensive. C'est tout bonnement un fourreau, et ce fourreau cache une scie parfaitement trempée, avec laquelle il fend l'écorce des arbres pour y déposer ses œufs. *Tétraptère* quand il pose, *Diptère* quand il s'envole ; l'aile supérieure, au moment où elle se déploie, entraîne et retient l'aile inférieure à l'aide d'un repli marginal qui saisit un ratelier de crochets dont le bord de celle-ci est armé. Dès lors, les deux ailes de chaque côté ne forment plus qu'une surface continue que meut un double ressort. (1)

En suivant le ravin gazonneux de la *Bareillote* (2), on peut descendre à *Peirepioule*; mais il faut bon pied et bon œil. On cite même plusieurs bergers qui s'y sont tués. Suivez *lou Cam-*

---

(1) Ramond.
(2) Le petit vallon.

bou (¹), *lou pla du débaïtch* (²), *la galihorne* (³), *le pla de hobe* (⁴) et *lou turon déous sarcia* (⁵) où vous devez vous arrêter, si vous voulez faire la chasse aux *Mnémosynes*. Je ne connais pas de localité où on les rencontre en aussi grand nombre ; mais la poursuite en est très-dangereuse quand on n'en a pas l'habitude, parce qu'on se rompt les jambes dans ces lames calcaires, raboteuses et inégales, sur lesquelles il est impossible de courir. Au contraire, rien n'est plus facile lorsque l'on sait s'y prendre ; car la Mnémosyne vole lentement, en trébuchant et sans s'effaroucher d'un coup de filet maladroit. Au moindre vent, s'il passe un nuage qui intercepte les rayons du soleil, elle se laisse choir où elle se trouve, s'embarrassant même dans un brin d'herbe ; dans ce cas on peut la prendre sans filet. On se charge quelquefois d'une troublette avec un long manche ; c'est fort inutile. Faites tout simplement ajuster la douille du filet au fer de votre bâton, de manière à pouvoir la mettre et l'ôter à volonté.

Maintenant, remontons à *Las Québas* (⁶) en pointant au midi vers le pic *deous Coutchess*. Au-dessus du *Pla de Hobe*, herborisez dans ce cirque où l'on

---

(1) Le bon champ.
(2) Le plateau d'en bas.
(3) Enfoncement, puits naturel.
(4) Le plateau de l'homme ou de la femme.
(5) Le tertre pelé.
(6) Les grottes.

croirait reconnaître les ruines des arènes romaines avec leurs gradins, leurs vomitoires et leurs bestiaires. M. de Chausenque attribue ces cailloux agglutinés aux remaniements des vagues ; je les croirais plutôt roulés par les glaciers, déposés par quelque moraine, puis soudés ensemble par des infiltrations calcaires. Leur couche s'étend jusqu'à *Gesque*. Dans les couloirs qui y conduisent, vous trouverez sur un des plus gros blocs, le *Ranunculus Thora* L. Je me suis trompé à la page 42 du *Guide*, en indiquant son contre-poison : l'*Aconitum anthora* L., près du moulin de *Bious-Artigue* au pied du pic du Midi. La plante que l'on trouve dans cette localité est l'*Aconitum Lycoctonum* L. dont la couleur, également jaune, m'avait induit en erreur ; mais la feuille de ce dernier est *palmée à 5-7 lobes larges*, tandis que celle de l'*Anthora* est *palmée-multifide* à *découpures linéaires*.

Bésou est à deux pas, nous allons déjeuner à la fontaine ([1]). (*Geum pyrenaicum* Willd.)

Sur le gros rocher en entrant : *Passerine dioica* Ram.

Pendant que nous ([2]) sommes installés sur l'auge où nos bouteilles trempent dans l'eau glacée, il passe tant d'*Anthyllidis* que nous les attrapons sans changer de place. Cette zygène ne se trouve que dans les Pyré-

---

(1) Guide, f. 80.
(2) Nous avions avec nous M. le Cte Léonce de L....., l'éminent horticulteur, et son fils.

nées et elle serait précieuse pour les échanges, si par elle-même, elle n'était déja un de nos plus jolis lépidoptères. On a souvent de la peine à ne pas la confondre avec ses congénères, parce que les couleurs dominantes sont les mêmes dans toutes les espèces : le noir et le carmin pourpre; il n'y a que la disposition des dessins qui les fasse distinguer au premier abord. Mais celle-ci est parfaitement reconnaissable à un anneau rouge qui coupe son corps en deux, à ses pattes et à sa cravatte *maïs*, enfin, à un liséré de même couleur qui borde souvent les ailes. Ses points rouges sont au nombre de six : les deux premiers près de l'épaule, séparés seulement par un filet noir. Elles sont innombrables cette année ; on ne retourne pas une pierre sans y trouver leur chrysalide ; véritable hamac de satin blanc.

Nous tuons quelques *choquarts* qui se ruent sur les pelouses pour prendre des insectes, et nous sommes étonnés de la quantité de coléoptères qui sortent, encore vivants, de leur bec. On peut se faire une idée de leur voracité par l'inventaire suivant : en pressant le gosier de l'un d'eux, mon fils fait sortir 5 *Leptura melanura*, 38 *Asphodius fossor*, et 30 autres scarabées d'un centimètre de long.

A 10 heures, on se remet en route en contournant le pied de Peneméda par l'E. (*Thalictrum macrocarpum* Gren.). Dans le lit du torrent qui charrie les fontes de neige de la *Cannelotte*: (*Ranunculus parnassifolius* L. — *Pinguicula alpina* L.)

Les *Lefebvrei* voltigent dans les raillères. J'ai déjà dit que cette *Erebia* avait été découverte ici même par M. de Rippert (1); elle est *spéciale aux Pyrénées*. Ses ailes, d'un noir velouté, sont marquées de trois petits yeux blancs sur les supérieures, et de quatre ou cinq yeux de même couleur mais encore plus petits sur les inférieures.

Le plus souvent ces yeux sont placés sur une espèce de bande d'un roux ferrugineux plus ou moins obscur, et plus ou moins fondue avec la teinte générale. Les deux premiers yeux du sommet des ailes supérieures sont presque confluents, le troisième est dans la seconde bifurcation de la nervure médiane. Quelquefois on en remarque un très-petit intermédiaire et presque ponctiforme entre les deux du sommet et le troisième.

Le dessous des ailes supérieures est d'un noir plus brun que le dessus, avec les mêmes yeux et *la bande rousse un peu plus marquée*.

Le dessous des ailes inférieures est d'un noir obscur uniforme, *sans bande ni empreinte de couleur différente*.

Chez la *Melas* qui lui ressemble extrèmement, le dessous des ailes inférieures offre une *espèce d'empreinte en forme de bande qui supporte les yeux*, et il n'y a pas de *bandes rousses* à l'extrémité des ailes supérieures en dessus. Puis, chez la *Lefebvrei* les antennes sont noirâtres tant en dessus qu'en

(1) Guide, p. 82.

dessous, tandis que la *Melas* les a tout à fait blanches en dessous.

Nous prenons également la *Gorgone*; cette *Erebia*, est, comme la précédente, *spéciale aux Pyrénées*. Plus petite que la Lefebvrei, ses ailes supérieures, d'un brun noir velouté, sont tachetées de trois yeux blancs ; les inférieures en ont autant ; ces yeux sont placés sur une bande ferrugineuse. Les supérieures de dessous, d'un brun rouge, ont deux yeux blancs au milieu d'un cercle noir, les inférieures, d'un brun sale, sont traversées par une bande grise accolée de trois points blancs presqu'imperceptibles. Je ne parle pas d'une autre *Erebia,* la *Manto*, que nous trouvons à chaque instant, parce qu'elle n'est pas particulière aux Pyrénées.

En gravissant le *Montagnot* par le S. E. *(Pinguicula grandiflora* Lam. — *Viola biflora* L. — *Viola palustris* L. — *Primula farinosa* L. — *Primula integrifolia* L. — *Primula intricata* G. G. — *Gentiana acaulis* L. — *Gentiana verna* L.)

Nous descendons à las *Quintettas de Cotche* pour dessiner le côté O. de *Sarrière*(1). Moins grandiose que sur sa face de l'E., ce bizarre rocher n'est pas moins étonnant. On dirait deux monstres qui s'étouffent : celui de dessous, pressé contre les rochers, a des bandes de gazon qui pendent dans les plis de sa gorge comme les guirlandes du sacrifice, et sa gueule ouverte est toute sanglante. Exposées au soleil, ces

(1) Guide, p 67, 68.

grandes roches calcaires sont d'un gris bleuâtre, et restent rouges dans les endroits que les rayons ne peuvent atteindre. Sarrière présente à l'œil environ 60 mètres de haut ; les couches s'inclinent du S. au N. au point de devenir verticales par une dislocation subite. *(Daphne cneorum* L. — *Scilla verna* Huds.*)*

Après avoir remonté un instant la crête du *Montagnot*, nous descendons à l'E. dans une fente assez difficile et toute tapissée de *Primula viscosa* Will. en fleur. C'est la première fois que ce bonheur m'arrive; cette primevère ne supportant guère la fin du soleil de juin. Ses fleurs sont d'un violet uni vineux, d'autrefois, le bas de la corolle se fond en une collerette blanche. Exposée en plein E. dans une fente étroite et perpendiculaire, abreuvée par un filet d'eau, elle regarde le soleil sans en supporter les ardeurs.

Au-dessous : *Gentiana verna* L. var. B. *Alata* G. G. — *Pinguicula alpina* L. — *Vaccinium uliginosum* L. — *Geranium cinereum* Cav.

Les neiges sont rapides et glissantes : *(Saxifraga oppositifolia* L.*)*

Au sommet du pic d'*Ousilietche* : [1] *Ranunculus Pyrenœus* L. — *Geum montanum* L — *Saxifraga muscoides* Wulf. sans fleur. L'extrémité des feuilles de la rosette est couverte d'une poudre jaune qui fait qu'au premier abord, on le prendrait pour un

(1) Du petit oiseau.

Saxifraga Aizoides ... — Sedum alpestre Will., *Thalictrum saxatile* DC.

En descendant dans une raillère schisteuse qui s'incline aux Englas, nous rencontrons la *Zygœna exulans* mêlée aux *Lefebvrei* et aux *Manto* qui affectionnent cette disposition rocailleuse. (*Geranium cinereum* Cav. — *Asterocarpus Clusii* Gay. — *Linaria alpina* DC.

Je voulais venir dans ces régions avant l'arrivée des troupeaux; mais j'ai dépassé mon but, l'hiver règne encore en maître aux Englas. (*Jasione humilis* Pers. — *Gallium Pyrenaicum* Gouan. — *Gnaphalium supinum* L.) sur les bords du lac.

Des îles de neige d'une blancheur éblouissante, teintées de bleu vert à mesure qu'elles ont gelé sous l'eau, flottent gracieusement à la surface du lac. L'imagination évoque les mers polaires à la vue de ces côtes découpées en glaçons bleus, qui plongent à pic dans ces eaux limpides, et de ces crêtes tourmentées, où se jouent les rayons d'un soleil impuissant. Mais il faut se défier de ces magnificences; car à chaque instant, des craquements lugubres comme le bruit d'une dent que le levier du dentiste fait tourner dans son alvéole, annoncent le travail des eaux. Malgré cette température glaciale, le *Ranunculus trichophyllus* Chaix, apparaît déjà au fond du lac.

Les rochers recouverts de neige recèlent plus facilement les chaleurs de la terre, et ont creusé des cavernes sous ces plaines immaculées; on y enfonce quelquefois jusqu'à mi-corps. Il faut suivre, à la lettre, les indications de Jean qui sait son sous-sol par cœur.

En gravissant la *Bécolle* dont l'exposition plus escarpée a laissé couler les neiges et offre quelques plantes à nos recherches, nous trouvons sur le *Silene acaulis* L., et les *Rhododendron ferrugineum* L., une si grande quantité de *Zygœna exulans* qu'il faut les ramasser par poignées, et en piquer sept ou huit dans chaque épingle pour suffire à la besogne. Dans la plaine rien ne peut donner l'idée de ces chasses; le Ciel ne change pas inopinément et les insectes peuvent chercher un refuge. A la montagne au contraire, on est tellement dans la région des nuages, que par les temps les plus chauds, il suffit du moindre d'entre eux pour vous envelopper et vous plonger instantanément dans une obscurité glacée. Surpris à l'improviste, le lépidoptère n'a pas le loisir de gagner un abri; transi, il ploie ses ailes et tombe où il se trouve, sur un lit de fleurs aussi bien que sur un lit de cailloux. Il n'y a qu'à se baisser pour les voir couchés, les uns sur le dos, les autres la tête en bas et les jambes en l'air, dans l'attitude de la plus complète résignation. D'ailleurs sur ces sommets, il fait trop frais pour que les insectes soient vigoureux. Je ne crois pas avoir jamais pris une *exulans* au filet, on les saisit par les pattes sur la fleur elle-même, quand on ne les ramasse pas en masse comme nous le faisons maintenant.

Homogyne alpina Cass. — *Cardamine alpina* Will. — *Anemone narcissiflora* L. — *Gentiana Burseri* Lap. — *Gentiana alpina* Will. — *Ranunculus pyrenœus* L. — *Pyrola minor* L. — *Vaccinium uliginosum* L. — *Pedicularis pyrenaica* Gay. — *Ranunculus amplexicaulis* L. — *Viola biflora* L. — *Veronica alpina* L. — *Saxifraga exarata* Will. — *Silene acaulis* L. — *Agrostis rubra* DC. — *Empetrum nigrum* L. — *Carex pyrenaica* Wahl. — *Asterocarpus sesamoides* Gay. — *Aronicum scorpioides* DC. — *Aronicum doronicum* Rchb.

Le *Gentiana nivalis* L. n'est pas encore fleuri sur la crête, tandis que le *Primula viscosa* Will. est passé.

Sourins (2,618 mètres) ne m'a jamais paru si noir; il est renommé pour ses perdrix (*Lagopède*). En hiver, leur plumage est aussi éblouissant que les neiges qu'elles habitent. L'époque où nous sommes, les revêt d'une teinte grise comme le ventre du canard sauvage, et de plaques blanches irrégulièrement distribuées. Il faut marcher dessus pour les faire partir. Leur vol n'excède pas 20 ou 30 mètres; mais alors même que vous les avez vues se reposer, vous ne les retrouvez que difficilement au milieu des pierres et des rochers. Elles piettent aussi vite que leurs camarades de la plaine dont elles ont la tendresse maternelle et les habitudes, traînant l'aile devant le chasseur, ralliant leurs petits avec un cri inimitable qui les fait disparaître sous les pierres. Le lagopède abandonne facilement ses œufs fraîchement pondus; mais lorsque l'incubation est avancée, son affection ne connait plus de danger.

J'ai vu dans une prairie, une perdrix grise rester immobile sous la faux qui passait sur sa tête; mais lorsqu'au retour, le moissonneur redoublant son andain, posa le pied sur le nid, elle s'envola tenant un œuf dans chaque patte. L'un tomba à deux ou trois mètres et l'autre plus loin. Les petits étaient à moitié éclos, et c'est ainsi que la pauvre mère avait pu les emporter en froissant la coquille

Le nid de la perdrix blanche est composé de petites branches de rhododendron et de festuca; elle le cache entre deux ou trois pierres dont l'une fait ordinairement saillie pour le couvrir. Les œufs au nombre de 8 ou 9 sont bariolés de dessins géographiques de toutes les couleurs.

A la page 71 du guide, j'ai émis des doutes sur une renoncule dont je désignais le gisement très-exactement....... J'hésitais entre le *glacialis* ou l'*alpestris*?...... C'est simplement l'*alpestris* L.; mais d'une vigueur exceptionnelle de végétation.

Les Englas sont à 2,069^m, Duzious à 2,120^m et Lavedan à 2,232^m. Ces hauteurs sont parfaitement appuyées par leur état de congélation. Pendant que les Englas charrient des glaçons, les deux autres dorment immobiles sous leur prison de glace. Duzious a été pétrifié par le soufle de la tempête; ses vagues de neige, blanches sur la crête, sont d'un bleu indigo dans le fond. Les rives de Lavedan, en soulevant leur suaire, indiquent seules son emplacement.

On ne peut rien voir de plus magnifique, ni de plus divinement composé que ce panorama. Jamais nous ne revenons à ce col des Englas sans une profonde impression. (P. 71 du guide.)

Les neiges qui descendent au bord de Duzious ne sont pas perfides, on peut s'y laisser glisser en tenant son bâton *en arrière*, et s'appuyant fortement dessus.

Je connais une paire de patins qui se morfondent dans une armoire, à Pau; ils ont déjà eu la chance, bien rare heureusement, de sillonner les eaux glacées de la cité Béarnaise; mais quelle gloire pour eux, si au mois de juillet, ils portaient leur propriétaire sur ces ondes muettes!.... Nous gagnons les fonds et la cabanne de *Counques* en suivant le ruisseau qui forme la cascade de Duzious. Ce nom de *Counques*, à *proprement* parler, est impossible à traduire. Il se dit d'une vache ou d'une jument, et ici, il a la prétention de peindre la forme de la cascade et d'imiter le son qu'elle produit en tombant. Il faudrait être Rabelais pour parler plus clairement.

Primula viscosa Will. encore en fleur, *Armeria alpina* Willd. — *Veronica bellidioides* L. — *Scrophularia Hoppii* Koch. — *Primula integrifolia* L. — *Primula farinosa* L. — *Buplevrum ranunculoides* L. — *Geum pyrenaicum* Willd. — *Viola palustris* L. — *Geranium pratense* L. — *Reseda glauca* L. — *Astero-*

carpus sesamoides Gay. — *Erysimum ochroleucum* D C. — *Biscutella lævigata* L. — *Hutchinsia alpina* R. B. — *Iberis Garrexiana* All. — *Oxytropis campestris* D C. — *Jasione perennis* var. B. *Pygmœa* Lam. — *Phyteuma hemisphœricum* L.

Coléoptères trouvés dans cette excursion :

Carabus splendens. — *Carabus purpurascens.* — *Prurarqua locrirquato.* — *Leptura melanura.* — *Coccinea merdigera.* — *Cistea sulfurea.* — *A'bax strida.* — *Coccinella cuteola.* — *Chrystocephalus sœpus.*

Retour aux Eaux-Bonnes à 7 heures du soir.

PIC DE CÉSY

(2,190m)

Balour et Anouilhas.

Le 14 juillet, nous suivons le torrent de la Soude (1).

A l'embranchement de la gorge de Balour, sur un rocher à droite : (*Gypsophila repens* L.)

Lysimachia nemorum L.— *Polygala vulgaris* L.— *Aquilegia pyrenaica* DC. — *Rumex scutatus* L. — *Pinguicula grandiflora* Lam. — *Lilium Martagon* L. — *Meconopsis cambrica* Vig.

(1) Guide Jam, p. 29 et 107.

Le premier couloir s'appelle *lou clot-de-débatch* (la concavité d'en bas). Après avoir passé la *québa* (1) du berger, dans le rocher à droite : *Lathyrus montanus* Gren.

Nous évitons *lou clot-de-dessus* (2) pour monter l'*escala de l'Artigue* (3).

Prairie de Balour : *Phyteuma hemisphœricum* L. — *Geranium phœum* L. — *Horminum pyrenaicum* L. *Geum montanum* L.

Dans la cabane à gauche en entrant dans la prairie : (Carabus pyreneus). Sous les éboulements : Carabus catenulatus, Carabus cancellatus, Geotapes vernalis.

A droite, sur la raillère et les rochers :

Gypsophila repens L. — *Ononis striata* G. — *Saxifraga muscoides* Wulf. — *Gentiana acaulis* L. — *Gentiana verna* L. — *Paronichia capitata* Lam. var. B. *Serpillyfolia* DC. — *Euphrasia nemorosa* Pers. var. y. *minima* Schl. — *Onobrychis supina* DC. — *Nigritella angustifolia* Rich. — *Scilla verna* Huds. — *Primula intricata* G. G. — *Passerine dioica* R. — *Anthyllis montana* L. — *Carlina subacaulis* DC. — *Cirsium lanceolatum* Scop. — *Scrophularia Hoppii* Koch. — *Teucrium chamœdris* L. — *Saxifraga longifolia* Lap.

Au tournant d'un rocher de Spath, au-dessus d'une petite caverne : *Saxifraga longifolia* L. — *Androsace pubescens* DC. var. *hirtella* Duf.

Dans la grande raillère exposée à l'E.:

Asperula hirta Ram. — *Valeriana globulariœfolia* Ram.—

(1) La cabane.
(2) La concavité de dessus.
(3) L'escalier du plateau.

Eryngium Bourgati Gouan. — *Saxifraga aretioides* Lap. — *Potentilla Alchemilloides* Lap. — *Androsace villosa* L. — *Pedicularis rostrata* L. — *Aster alpinus* L. — *Buplevrum gramineum* Will. — *Leontopodium alpinum* Cass. — *Chrysantemum alpinum* L. — *Alchemilla alpina* L. — *Teucrium montanum* L. — *Phyteuma spicatum* L. — *Geum pyrenaicum* Willd. — *Euphrasia nemorosa* Pers. var. γ. *parviflora* Soy. Will. — *Erinus alpinus* L. — *Lonicera pyrenaica* L. — *Arctostaphylos officinalis* Wimm.

Ces raillères contiennent en outre presque toutes les fleurs que j'ai déjà nommées, dans les éboulements à droite en entrant.

Descendant la grande raillère au S. *Primula farinosa* L., tout en haut de l'avalanche : *Ranunculus Thora* L. — *Rhododendron ferrugineum* L.

Au moment de gravir l'*escala* de la *Québotte*(1), à gauche dans les rochers : *Geum rivale* L. — *Géranium phœum* L. — *Thalictrum macrocarpum* Gren. — *Betonica alopecuros* L. — *Saxifraga aretioides* Lap.

Au sommet de l'escala : *Geum montanum* L. — *Saxifraga umbrosa*. L. — *Myosotis pyrenaica* Pour. — *Gentiana nivalis* L., en montant sur les gazons : *Gentiana campestris* L.

Sur la terrasse de la *Québotte* : *Saxifraga longifolia* Lap. — *Valeriana globulariæfolia* Ram. — *Alchemilla vulgaris* L. — *Horminum pyrenaicum* L. — *Merendera bulbocodium* Ram.

Au *Clotche* d'Anouilhas : *Arenaria montana* L. — *Saxifraga granulata* L. — *Pinguicula vulgaris* L.

(1) L'escalier de la cabane.

Dans le bas des crêtes d'Anouilhas : *Gentiana Burseri* Lap. — *Rhododendron ferrugineum* L.

En montant sur les crêtes elles-mêmes :

Saponaria cæspitosa D C. — *Globularia cordifolia* L. var. B. *nana* Lam. — *Silene acaulis* L. — *Homogyne Alpina* Cassin. — *Gentiana nivalis* L. — *Paronichia capitata* Lam. var. B. *Serpillyfolia* D C. — *Ranunculus pyrenœus* L. — *Scilla verna* Huds. — *Saxifraga longifolia* Lap. — *Veronica spicata* L. — *Polygonum viviparum* L. — *Myosotis Alpestris* Schum. — *Aster alpinus* L. — *Sempervivum arachnoideum* L. — *Vaccinium uliginosum* L. — *Buplevrum ranunculoides* L. — *Euphrasia nemorosa* Pers. var. γ. *minima* Schleich. — *Daphne cneorum* L. — *Gentiana verna* L. — *Gentiana acaulis* L. — *Gentiana acaulis* L. var. *parvifolia* G. G. — *Saxifraga Aizoon* Jacq et Barrel. — *Parnassia palustris* L. — *Saxifraga aizoides* L. — *Leontopodium alpinum* Cass. — *Antenaria dioica* Gœrtn. La femelle est d'un joli rose. — *Ononis striata* G. — *Antenaria carpatica* Bl. et Fing. — *Pedicularis rostrata* L. — *Pedicularis tuberosa* L. — *Aretostaphylos officinalis* Wimm. — *Dryas octopetala* L. — *Jasione humilis* Pers. — *Androsace villosa* L. — *Valeriana montana* L. — *Astragalus aristatus* L'Hér.

Dans les puits de la crête : *Geranium sylvaticum* L. — *Saxifraga umbrosa* L.

En s'approchant du chemin du pic du Ger et se dirigeant vers le col de Lourdé, dans un trou : *Corydalis Cava* Schweigg. var. a. *Fumaria bulbosa* L.

A gauche et à droite : *Ranunculus amplexicaulis* L. — *Ranunculus pyrenœus* L.

Autour de la fontaine de Lourdé : *Jasionne humilis* Pers. — *Pinguicula grandiflora* Lam. — *Silene acaulis* L. — *Pedicularis rostrata* L. — *Androsace villosa* L. — *Scabiosa Gramuntia* L. var. γ. *tomentosa* G. G. — *Geum montanum* L.

En avançant vers le col : *Gentiana nivalis* L. — (p. 112 du Guide Jam.)

Césy (2190 mètres) a une base de granit entremêlé d'ophite, le sommet est de calcaire avec un filon de cuivre au milieu. Descendant à l'O. dans les raillères :

Linum suffruticosum L. — *Gregoria Vitaliana* Dub. — *Draba aizoides* L. — *Thalictrum fœtidum* L. — *Crepis pygmæa* L. — *Carduus carlinoides* Gouan. — *Oxytropis pyrenaica* G. G. — *Potentilla opaca* L. — *Senecio Tournefortii* Lap. — *Biscutella lævigata* L. — *Primula intricata*. G. G.

Continuez toujours à l'O., en vous dirigeant sur un rocher d'ophite qui appuie l'esplanade avant d'arriver au sommet :

Passerine dioica Ram. — *Roripa pyrenaica* Spach. — *Valeriana montana* L. — *Valeriana globulariæfolia* Ram. — *Anthyllis montana* L. — *Euphorbia Chamæbuxus* Bern. ap. G. G. *Sedum annum* L. ou *alpestre* Vill. — *Sempervivum arachnoideum* L. — *Myosotis pyrenaica* Pourr. — *Globularia nudicaulis* L. — *Globularia cordifolia* L. var. B. *nana* Lam. — *Cardamine resedifolia* L. — *Veronica spicata* L. — *Oxytropis pyrenaica* G. G. — *Erysimum ochroleucum* DC.

Au moment où nous nous espacions pour suivre l'étroite crête qui conduit au sommet, un coup de tonnerre éclate au milieu de nuées qui envahissent le pic. Entourés de brouillards qui se changent en pluie, on ne voit pas à deux pas ; il faut descendre.

Profitant ensuite d'une éclaircie, nous attaquons

de nouveau le pic par l'E. Au milieu de la raillère du nord-est, dans une espèce de cheminée : *Lithospermum Gastoni* Benth. encore en fleur, et *Helianthemum canum* Dun.

Au sommet du pic : *Anemone alpina* L. — *Trollius europœus* L — *Iris œyphioides* Ehrh. — *Crepis blattarioides* Vill. — *Bartsia alpina* L., et sur le mamelon en revenant au col de Lourdé *Androsace carnea* L.

Au col même : *Gentiana nivalis* L.

Les *Lefebvrei* et les *Anthyllidis* parcourent les raillères. Quelques Mnémosynes trébuchent sur les gazons, en arrivant aux crêtes de *Breca* (1) que nous suivons jusqu'aux *passes* (1904^m.)

Ces crêtes ne sont pas difficiles, cependant par un temps très-sec, vers la fin d'août, il est presqu'impossible de s'y tenir.

Campanula linifolia Lam. — *Aronicum doronicum* Rchb. — *Rosa pinpinellifolia* DC. la rose et la blanche. — *Pedicularis rostrata* L. — *Vicia pyrenaica* Pourr. — *Cirsium acaule* All. — *Lactuca Plumieri* G. G. — *Genista pilosa* L. — *Dianthus barbatus* L. — *Sempervivum montanum* L. — *Sedum hirsutum* All. — *Gentiana Burseri* Lap. — *Sempervivum arachnoideum* L. — *Daphne cneorum* L. — *Saxifraga Aizoon* Jacq et Barel. — *Saxifraga exarata* Will.

Tout à fait près de la Brèca; *Primula viscosa* Will. regardant l'E. et fuyant la lumière sous les lames de rocher où elle s'abrite. On ne la trouve en plein air qu'au-dessus de 2,000^m.

(1) Brèche.

La pluie recommence; mais chaude et presqu'aussi transparente que dans la plaine. En sortant des *Passes de Breca*, nous quittons un instant le sentier pour aller chercher à cent mètres à gauche, la *Swertia perennis* L. qui pousse dans le marais; elle n'est pas encore en fleur.

(Voir le Guide Jam à la page 115 et suivantes.)

A la descente près des cabanes de *Gourziotte*: *viola cornuta* DC. — *Androsace villosa* L. — *Aster alpinus* L. — *Saxifraga aizoides* L. — *Leontopodium alpinum* Lam. — *Erinus alpinus* L. — *Teucrium pyrenaicum* L.

En bas de la descente des cabanes, et au moment de continuer dans une gorge *de désolation*, tournez à droite S. E. vous trouverez le *Thalictrum macrocarpum* Gren. dans les fentes de rochers. Revenant sur nos pas, nous avons bientôt rejoint le sentier des Eaux-Chaudes, près d'une cabane presque toujours découverte. (*Cirsium lanceolatum* Scop. — *Helianthemum vulgare* Gœrtn. — *Pedicularis pyrenaica* Gay.)

Arrivés au second plateau de Gourzy, le temps, qui s'est éclairci, nous permet de revenir au S. E. sur les hauteurs de Balour.

Sideritis hyssopifolia L. — *Geum rivale* L. — *Saxifraga aretioides* Lap. — *Androsace pubescens* DC. var. y. *hirtella*. — Dufour. — *Plantago alpina* L. — *Carduus medius* Gouan.

Nous voudrions descendre dans Balour; mais c'est impossible; il faut revenir à la fontaine de Laga.

Laissez passer le guide en avant, et ne vous écartez ni à droite ni à gauche; il y a des rochers unis comme une glace, recouverts de mousse ou de feuilles, qui vous entraîneraient quelquefois à des chutes désagréables. Elles seraient même plus que cela dans cet endroit; car la crête qui domine la prairie, la montagne d'*Yspe*, est une grande muraille à pic, hérissée de buis rabougris, et dont le fond est si perpendiculairement au-dessous, qu'on ne l'aperçoit pas. Nous y descendons cependant, en nous accrochant aux branches et aux aspérités, tantôt séparés, tantôt entremêlés les uns dans les autres comme les aneaux d'un reptile qui est monté sur un arbre. (¹)

C'est par ici que passent les ours, quand ils viennent dans la Coume. *Leucanthemum corymbosum* Godr. et Gren. — *Campanulla glomerata* L. d'une forme exigue très-singulière, *Sempervivum arachnoideum* L.

Après un quart d'heure de cette gymnastique, nous arrivons à une tranchée creusée par les eaux et les avalanches; on y descend et on la remonte assez facilement. Tout à coup Jean s'arrête...... une crevasse barre le passage. Il faut la franchir pour tomber de l'autre côté sur un petit rebord de calcaire feuilleté qui n'a pas deux pouces d'arrête. Ce n'est pas très-large à sauter; mais si

---

(1) MM. d'A.... de R.... et de B.... ce dernier peintre et botaniste distingué, nous accompagnaient dans cette excursion.

l'on manque son coup, ou, si le pied glisse en arrivant de l'autre côté; cette fente béante dont on ne voit pas le fond, à 200 pieds au-dessous, ne dit rien de bon. Jean convient que ce n'est pas très-beau, et que l'hiver dernier a entraîné quelques aspérités qui rendaient la reprise plus facile. Cependant, pour prouver qu'il n'a rien proposé d'impraticable, il s'élance avec sa besace sur le dos et arrive franchement à l'autre bord, sur une arête pointue où il n'y a rien pour mettre la main si on perd l'équilibre..... J'admire son agilité ; mais je m'en tiens là, et lui déclare qu'il faut trouver quelque chose de moins aérien pour des gens chargés d'albums, de boîtes à herboriser, de lorgnette, d'un fusil, etc.... Il revient à regret et parvient enfin à nous descendre jusqu'à un bois de sapins et de hêtres où les pentes diminuent jusqu'au moment de se précipiter sur *lou Clot-de-dessus* où il serait tout à fait impossible de se tenir.

Dans une précédente excursion, j'avais déjà essayé en vain de percer directement; il faut prendre à droite ou à gauche. A droite un sentier parfaitement frayé remonte à Balour, nous prenons la gauche à travers bois pour gagner le *Clot-de-débatch*.

A 6 heures, nous rentrions aux Eaux-Bonnes.

AR

Le 1ᵉʳ août, nous partons des Eaux-Bonnes à 3 heures du matin pour faire avec un soin tout particulier l'herborisation du Ger, et du Capéran où quelques amis doivent nous rejoindre. Nous avons fixé notre retour à l'heure du dîner, ce qui est une faute grave; car le moindre retard cause ensuite mille inquiétudes à ceux qui attendent au logis. Toutefois, comme Jean n'emportait que ce qui était strictement nécessaire pour déjeuner, et qu'il était lui-même assez souffrant pour nous inspirer quelqu'inquiétude, j'avais la ferme conviction que nous ne serions pas plus de douze heures absents.

Je ne donnerai pas ici le résultat de notre herborisation, me réservant d'en faire un chapitre spécial dans une prochaine excursion.

En approchant du Capéran, nous n'apercevons plus au faîte du salon du Ger, une grosse pierre juxtaposée sur la cime, de la même nature que la roche, mais ne faisant pas corps avec le pic. Comment expliquer la présence de ce monolithe à une si grande hauteur? Aucun sommet supérieur n'avait pu le déposer là, et il était un phénomène en même temps qu'une étude pour le géologue. Mais il y a des individus possédés de la manie de tout niveler et dont le principal plaisir, en excursion, est de précipiter dans les abîmes les fragments que leurs forces de liliputiens peuvent détacher ; ce sont eux qui ont fait disparaître notre chère pierre. Je dis *notre*, parce qu'elle était pour nous un souvenir particulier.

Nous attendons vainement au Capéran. Ne voyant apparaître qu'un jeune homme qui va au pic du Ger et que nous ne connaissons pas, nous franchissons la levée d'Aucupat, pensant que nos amis arriveraient peut-être par Anouilhas. Mais aussi loin que la vue peut s'étendre, on n'aperçoit nul vestige humain.

Il y a dans les montagnes, des instants de paresse ineffable ; l'air est si facile à respirer qu'on dirait une boisson délicieuse qui pénètre jusqu'aux dernières fibres de notre être, et les imprègne des ivresses du repos. Couchés près d'un banc de neige dont les perles tombent goutte à goutte dans des coupes improvisées pour remplir nos bouteilles; nous regardons les myriades d'*Anthyllidis* et d'*Eœulans* trébuchant sur les *Silènes* et les *Androsaces*. Les monts, les vallons, ces lointains qui fuient vers le ciel, sont noyés dans une atmosphère si pure, que l'on distingue les moindres détails des pics les plus éloignés.

Dans la plaine, les oiseaux et les insectes chantent le soleil; ici, tout se tait, et ce silence est lui-même une des imposantes beautés des Pyrénées. Dans ces moments, le nom de Dieu vient aux lèvres, et les pensées prennent des ailes.

Le jeune homme qui nous a laissés au Capéran, ayant reculé devant la raillère que nous venons de traverser, et fait le tour par le *Clot ardoun* (1) pour adoucir la pente, nous en tirons charitablement la conséquence qu'il n'atteindra pas le pic. Cependant, il monte bravement.

— Est-ce que nous n'arriverons pas bientôt?

— Si fait, Monsieur, répond le guide, nous ne sommes plus qu'à deux pas.....

Oh! les pas des Montagnards!.... Ils gravissent encore pendant une heure; puis le guide oblique à gauche pour gagner le passage du salon; mais le

---

(1) Concavité ronde.

jeune homme s'appuyant au rocher, et mettant la main au-dessus de ses yeux pour mesurer l'abîme, refuse énergiquement ; ils reprennent leur contre-pied pour revenir au vrai pic.

Nous faisons des paris..... monteront-ils, ne monteront-ils pas?.... Ils montent, et à notre grand étonnement, au moment de descendre, ils tournent vers le passage et s'avancent avec précaution en se donnant la main.

Les paris recommencent : ils passeront, ils ne passeront pas!.... nous tenons pour oui, Jean soutient mordicus que non! Les voilà sur la crête.... une pause..... ils s'asseoient..... le guide va seul en avant, fait des gestes d'encouragement, nous désigne du doigt, et revient tendre la main. Cette fois, les voilà tous les deux debout tournés vers le salon.

— Allons mon pauvre Jean, dis-je à Soustrade, vous avez perdu.

— Ah ! oui que non, répond l'entêté, *de là étant*, ils ont encore 25 à 30 mètres à faire, *or donc* ils ne sont pas arrivés..... tenez les voilà arrêtés.....

En effet, ils se tiennent à bras le corps, et vacillent comme s'ils allaient tomber..... nous avons peur, et j'avoue que c'est avec un vif plaisir que nous les voyons renoncer à cette folie. Pourquoi s'entêter à faire une chose, qui, dans de telles dispositions, n'est qu'une affreuse souffrance, tandis que pour ceux qui n'éprouvent pas le vertige, ce passage n'est qu'une partie de plaisir. Un jour que nous y étions installés, je vis venir à moi un individu sans guide, qui n'avait jamais couru la montagne, et qui était arrivé là en cherchant aventure et en herborisant. Je le reçus dans le *salon* même. C'était l'infatigable M. C..... qui, seul, avec une ou deux indications orales, va courir douze heures dans la montagne sans s'intimider.

Avant de revenir aux Eaux-Bonnes, je voudrais aller chercher des grenats au col d'Ar.

Nous suivons *lou Lacarras* du pic Amoulat ([1]), en marchant à mi-côte, de manière à n'avoir ni à descendre ni à monter.

Hieracium saxatile Will. — *Androsace carnea* L. — *Draba aizoides* L. — *Ranunculus alpestris* L. — *Veronica nummularia* Gouan. — *Ranunculus parnassifolius* L. — *Carduus carlinoides* Gouan.

Bientôt, une énorme masse de neige barre le passage. Elle descend depuis le pied du cône jusqu'au fond du cirque; et du côté du S. une large crevasse la coupe à pic sur une profondeur de 20^m. Si on ne traverse pas là, il faut faire un détour de deux kilomètres. Jean qui ne doute jamais de rien, taille des crans pour tâcher de franchir cette espèce de colonne; mais l'inclinaison est de plus de 68° et je ne veux pas nous y risquer, d'autant mieux que la neige est dure et glissante. J'ai beau cher-

---

(1) Avalanche de dalles, traînée de pierres.

cher un passage, nous sommes sur une terrasse tellement raide qu'il faudra retourner sur nos pas. Déjà, nous rebroussons chemin, quand j'aperçois un trou entre la neige et la terrasse; j'y descends. Il se termine par un boyau qui passe sous l'avalanche même, et aboutit au fond de la raillère. Ma petite troupe s'y engage, tandis que Jean appuyé sur son bâton passe comme une flèche par dessus notre tête, en traçant un sillon de poussière éblouissante. Je crus qu'il allait être lancé par dessus le bord; mais avec une dextérité qui lui vaut nos applaudissements, il fait deux ou trois crochets pour amortir son élan, et s'arrête court sur la crête de la crevasse.

Les grenats sont invisibles dans les morceaux de grès calcaire jaunâtre qui composent la masse homogène d'Amoulat, ils doivent être au col de Pla ségouné; je ne trouve que des pyrites de fer oligiste et des espèces de briques rouges naturelles avec lesquelles les bergers marquent leurs brebis. (P. 86, 87 du guide.) Il n'y a dans les débris que nous retournons, que des chrysalides d'anthyllidis qui sont innombrables cette année.

Si près du col d'*Ar*, je ne veux pas revenir sans avoir salué le *Balaïtous* et *Palas*. Il y a de la neige partout; mais elle est sure et les pentes sont raisonnables.

Sur le point d'arriver, nous entendons un coup de fusil.... puis un autre.... tout le monde court au col,

Il y a des traqueurs sur *Sourins*. Si les izards viennent de *Penaméda*, ils vont passer ici ; je laisse à penser quelle joie, quoique je n'aie dans mon fusil que du petit plomb pour tirer des perdrix blanches. Ne sachant où nous cacher, il faut se coucher à plat ventre sur la neige.

Les izards ne viennent pas ; mais à la vue d'un magnifique *Gypaëte barbu* qui passe à 30 mètres au-dessus de ma tête, je ne puis me retenir, et je lui envoie mes trop faibles munitions en plein corps. Aux contorsions qu'il fait, il est évident que je l'ai touché ; mais c'est à peu près comme si j'avais tiré un éléphant avec de la cendrée. Pour la montagne, et surtout en allant ainsi au hazard, il faut un fusil Lefaucheux afin de pouvoir changer les cartouches à volonté.

Nous regardons notre beau gypaëte s'en aller, avec le vague espoir de le voir mourir de ce coup d'épingle ; il disparaît bientôt derrière *Aucupat*. Quel dommage ! C'est le plus grand oiseau de proie de l'ancien monde. Son nom, du grec *gyps* vautour et *aetos* aigle, indique son caractère et ses habitudes ; c'est le *vautour des agneaux* de Linnée, et l'*aigle d'or* de Bruce. J'en ai empaillé un qui avait $2^m 57^c$ d'envergure et $1^m 14^c$ de long ; il n'était pas encore arrivé à sa taille ; car ils mesurent quelquefois jusqu'à dix pieds. Le signe distinctif le plus remarquable de cet oiseau, est une barbe de poils durs et raides qu'il porte sous le bec. On trouve son nid dans les pics les plus escarpés des hautes chaînes; ses œufs, au nombre de deux, ont la surface rude et sont blancs mouchetés de brun.

Balaïtous paraît être à deux pas; son grand glacier exposé à l'ENE. a une inclinaison effrayante; au N. un premier plan déchiqueté semble en défendre l'accès. *Palas* présente à peu près la même silhouette que du val de *Sousouéou*, tandis que le pic d'*Arrious* se détache, sombre et vigoureux, sur les neiges indécises de *Som de Séoube*, pour empêcher le lac d'*Artouste* de s'écouler au travers des roches de *Deils*. Au S. E. *Estibère* (2.737^m) est si près, qu'on croit y distinguer des bergers. Enfin le Pic du *Midi* au S. O. montre ses trois fourches que l'on a appelées les trois sœurs, *las tres sorores*; d'autres suprimant une S, disaient *las tres orores*. Cette troisième fourche qui est *ronde*, ne paraît pas de Pau. Le val d'*Ar* au-dessous de nous, est si tentant avec ses pelouses d'émeraude, qu'il est impossible de résister au plaisir de les fouler, nous remonterons ensuite à *Pla Ségouné* par la *Cannellotte*. Je n'ose regarder à ma montre....

Et les provisions?.... Il ne reste que quelques débris de pain et un poulet étique.

Mes enfants jurent qu'ils n'ont pas faim et qu'ils iront jusqu'à *Bésou*. Quant à Jean, il tousse horriblement et ne mangera rien.

En route donc; car nous avons devant nous de longues heures de marche!

Il faut des costumes comme les nôtres, pour

descendre le col d'*Ar* : une muraille perpendiculaire de calcaire ardoisier, où, pendant plus de 100 mètres, le pied n'a pour se poser que des saillies de quelques centimètres. A peine sommes-nous en bas, que l'exercice, le grand air, et, peut-être auśsi la pensée qu'il n'y a presque rien à mettre sous la dent, creuse un vide immense dans nos estomacs. Resserrés dans cet entonnoir entre l'*Arcizette*, *Amoulat* et la *Cannelotte*, nous sommes suffoqués par la chaleur. On plante les bâtons dans la neige, à un mètre les uns des autres; les imperméables y sont étendus et reliés ensemble avec une ficelle. Chacun apporte une pierre plate pour s'asseoir à l'abri du soleil, et nos couteaux creusent, dans la glace, des puits artésiens qu'alimente le cours d'eau qui murmure sous nos pieds.

Les morceaux de pain sont partagés avec une scrupuleuse égalité; mais, O douleur !.... Le malheureux volatil, dont les formes anguleuses font douter s'il est mort de faim ou de la main du chef, est rempli d'une végétation cryptogamique dont les longs poils attestent une prise de possession qui équivaut à la prescription. On respecte ses cheveux blancs, et il reste étendu sur son linceul glacé, recevant toutes les malédictions que mérite l'hôte indigne qui nous en a gratifié.

Réduits à quelques miettes de pain et à l'eau, nous confectionnons, dans nos tasses, une espèce de potage à la chartreuse qui ne fait qu'aiguiser nos appétits ; et nos regards désolés reviennent sans cesse à ces débris moisis qui renouvellent le supplice de Tantale. A force de les fixer, ils semblent moins répugnants.... Oserai-je l'avouer ?... On essaie d'une aile, saupoudrée de tout le sel qui reste dans la sacoche de Jean,.... d'un pilon....

Mais jetons un voile sur ces horreurs et plions bagage.

Il faut escalader en remontant au SE. cette tour bleuâtre qui s'appelle la *Cannelotte*. En nous élevant pour y atteindre, nos yeux découvrent au milieu des pâturages d'*Ar*, la tête rouge du petit pic *Amoulat-d'Ar* qui se reflète dans un bassin de 182^m de tour à moitié comblé par les neiges.

Nous voilà, alors, tournant le dos à notre but pour courir à cette nouvelle connaissance.

Ce faux pic *Amoulat* est une miniature qui ne vaudrait pas une mention honorable, s'il n'était si délicieusement suspendu au-dessus de ses eaux bleues. C'est un tombeau arabe au bord d'une fontaine. Il ne lui manque qu'un palmier et quelques burnous groupés à ses pieds.

En approchant, des étincelles jaillissent du bord de l'eau, comme si la lave d'un volcan venait y éteindre ses flammes. Nous accourons, et au bruit de nos pas, une multitude d'animaux qui grouillaient au soleil, s'enfuient emportant sous les ondes l'illusion qu'ils ont produite.

Ce sont des *têtards* ; mais des *têtards* de la *Rana*

temporaria de Linnée, *Rana muta* de Laurenti, la *muette* de Daubenton, que l'on appelle ordinairement la grenouille *rousse*, et plus vulgairement encore….. d'un nom que je ne puis répéter, et qui lui vient de l'habitude qu'elle a de lancer un certain liquide corrosif.

J'en ai trouvé dans la montagne, quelques unes d'une grosseur énorme, comparativement à celles qui peuplent les prairies et les ruisseaux de la plaine; elles devaient être d'une espèce différente.

Pour en revenir à nos têtards; nous les voyons au moment intéressant où les jeunes *batraciens* passent de la vie de *poisson* à celle de *reptile*. Ils ont déjà dépouillé leurs langes, cette première peau noire qui jusqu'ici a enveloppé leurs membres et les a fait appeler *queux de poêle*. Ils étaient aveugles alors; maintenant, leurs yeux apparaissent sous leur nouvelle robe grise, *mouchetée et zébrée comme la livrée des destructeurs*; qu'ils soient brochets, truites, guêpes, faucons ou panthères. Les pattes de derrière commencent à se dessiner; les branchies qui vont tomber, avec la queue désormais inutile puisque les pattes doivent la remplacer, sont déjà à demi transformées. Au lieu de respirer l'eau, il faut qu'elles respirent l'air. L'estomac, lui-même, fait ses préparatifs pour passer du maigre au gras; car à la place des matières végétales qui, jusqu'ici, ont été son unique alimentation, il doit digérer depuis le moucheron jusqu'au scarabée.

Ces culbuttes désordonnées qui nous ont attirés, sont donc les débauches du mardi gras, les fêtes de l'émancipation, de véritables bacchanales aquatiques qui se traduisent en *frétillements* incohérents de la queue, signe suprême des grandes jouissances comme des sombres colères chez tous les animaux, et surtout chez les reptiles.

Ces *frétillements* nous rappellent que dernièrement, à Biarritz, pendant que nous explorions les basses roches de la plage, laissées à nu par une marée d'équinoxe, je trouvai un *poulpe* (1) dans une caverne. Enfermé dans une cavité de 40 à 50 centimètres de diamètre formant toit par dessus, il a amassé sur lui des cailloux dont les plus volumineux pèsent bien 2 k. chacun, et il les retient si fortement avec ses suçoirs, qu'on ne peut les lui enlever; il m'inonde d'un jet d'eau chaque fois que j'approche. J'essaie d'arracher les pierres avec la main.... mais ses bras s'élançant en *frétillant*, me saisissent les doigts, et les aspirent avec une telle force que j'en frissonne; il me semble qu'ils me perforent les chairs et me disloquent les os. Il faut faire un siège en règle et sans perdre de temps; car la mer déferle à deux pas, sur notre roche de nummulites.

Il est évident que je ne pourrai m'en rendre

---

(1) On l'appelle *Laga* dans le golfe de Gascogne. C'est la *Pieuvre* si admirablement décrite par Victor Hugo.

maître tant qu'il conservera ses cailloux pour rempart, et l'eau qui lui donne sa force. Me tenant à distance, je le touche avec le bout de ma canne. Ses deux yeux ronds me suivent avec une sorte de férocité. A mesure que le bâton approche, il se gonfle de toute l'eau qu'il peut aspirer, et me la lance directement à la figure. En répétant cette manœuvre, il a bientôt mis son trou à sec, et opérant cette fois avec dextérité, je parviens à lui arracher les deux cailloux. Il reste alors complètement à découvert. Je lui tends ma canne, un jonc verni, sans aucune aspérité. Il la saisit avec trois de ses bras, restant fixé au rocher avec les cinq autres, et sa force est telle qu'en m'arcboutant, j'ai de la peine à lui résister. Il n'est pas énorme cependant; chacun de ses bras n'a pas plus de 80 à 90 centimètres de long.

Il comprend enfin qu'il ne peut pas me résister plus longtemps; et après avoir vainement essayé de me saisir les jambes, il se replie sur lui-même, se soulève sur ses bras et d'un bond s'élance vers la mer. Il va y arriver, lorsque d'un coup de pointe, j'ai la chance de lui percer le corps et de le clouer sur le rocher.

Nouveau combat; il applique tous ses suçoirs à la fois sur la canne, se la passant ainsi au travers de la poche qui lui sert de corps, et monte si rapidement pour me saisir les mains, que je n'ai que le temps de prendre l'autre bout et de me sauver au milieu de la foule qui s'est amassée autour de nous. Un curieux s'étant approché trop près, il se lance sur lui, et comme épouvanté de ces fouets grisâtres, il pare avec un bâton, le poulpe s'en saisit si fortement qu'on est obligé de le lui abandonner.

Nous courons ainsi jusqu'à ce que nous ayons gagné le haut de la plage.

On comprend la vigueur d'un animal dont la charpente osseuse est recouverte de muscles comme de cordages pour manœuvrer ses leviers; mais on reste stupéfait en voyant la face de cet être hideux, transparent et visqueux, véritable machine pneumatique qui fait le vide avec une force de 4 à 500 pompes à air, et qui, dans tout son corps, n'a de portion résistante qu'un *bec de perroquet*, en corne bleue comme celui de l'oiseau, la portion d'en haut s'engainant dans celle d'en bas et formant sécateur.

Etendu sur le sable au milieu d'une mare de liquide noirâtre qui lui sert à aveugler sa proie, avec son nez crochu, ses gros yeux glauques et furibonds, cette chevelure gluante, qui, comme des serpents, s'agite encore de convulsions galvaniques; on dirait la tête d'une furie détachée du tronc, que les flots ont vomie sur la plage.

Nous sommes loin de la *Cannelotte*. Revenons à notre petit lac *Amoulat*, et dirigeons-nous vers *las meneras* d'*Ar* (la mine d'Ar) qui est à l'Est, au pied de *Sourins*, à un kilomètre en ligne droite.

Il eut été plus sage de regarder à ma montre et de revenir; car en cédant à chaque tentation, c'était à aller au bout du monde; mais j'avais une sainte horreur de toucher à mon gousset, et.... à vrai dire : j'avais jetté mon bonnet par dessus les montagnes.... On ne rencontre pas, une fois sur cent, un jour comme celui que nous avions, et, mon plan arrêté, sachant où manger et par où revenir, n'importe à quelle heure, les inquiétudes du logis troublaient seules mon bonheur.

Nous voyons en passant le joli petit *luot de la sentinella* (le lac de la sentinelle) tout rempli de neige et encore glacé : un morceau de sucre dans une coupe de saphir. Il tire son nom des postes qui gardaient ces passages, lors de la guerre d'Espagne, sous le premier empire. Nous ne trouvons plus de plantes, excepté d'énormes pieds de *Silene acaulis* L. tout en fleurs. D'un seul coup de troublette je prends 8 *Anthyllidis*, 2 *Vulcains*, une *Belle-dame* et une *Tortue*. Qu'est-ce que ces déserteurs viennent faire à ces hauteurs!....

Après avoir traversé un cahos de gros blocs de schistes rougeâtres, nous tournons à droite près d'un trou à corneilles; 8 mètres plus bas, nous sommes à la mine, dont deux trous béants indiquent le gisement.

De la partie Nord du premier, tombe une cascade, assez abondante, qui fait briller au soleil le rouge noirâtre d'un calcaire tendre imprégné d'oxides de fer. Ce trou n'a que trois mètres de large et n'est guère plus profond. L'intérieur est zébré de veines ferrugineuses, qui, dans certains endroits, ont des reflets mordorés. La seconde excavation est moins grande et voutée. On aperçoit, çà et là, des pierres que l'on a brisées, des planches et un vieux sabot : tristes débris d'une mine qui n'a pas enrichi ceux qui l'ont découverte. Elle ne fut exploitée que pendant deux ans. A quelques pas est la cantine qui abritait les ouvriers. Les échantillons que nous en rapportons sont insignifiants.

Cette fois, je regarde à ma montre et je reste stupéfait..... il est déjà 5 heures 10 minutes ! Nous nous élançons à l'assaut de la *Cannelotte*. Quelle affreuse escalade ! Il faudrait appuyer au Nord; mais le soleil est si ardent, qu'après un séjour assez prolongé sur les neiges, nous ne pouvons le fixer, et malgré nous, nous inclinons à l'Est pour éviter ses rayons brûlants. Les plaques de schiste fuient sous nos pas; nous nous ensanglantons les mains en nous accrochant aux aiguilles du *Festuka varia* Hœnk. var. *Eskia* Ram. Les *Lefebvrei*, les *Gorgone* et les *Cassiope* voltigent impunément autour de nous.

Jean qui est à l'arrière garde, est mieux avisé; il gravit, dans une fissure que j'avais cru impraticable, une sorte d'escalier où il est à l'abri du soleil.

A 6 heures 10 minutes, nous nous reposons à l'ombre de la *tour* où il faut revêtir les imperméables pour se défendre d'un vent glacial. Les *Leucanthemum alpinum* Lam. ont leurs pétales contournées par la chaleur et l'aridité du sol; le cœur de la fleur est d'un rouge carmin au lieu d'être jaune.

Nous distinguons encore mieux, que du col d'Ar que nous dominons, les contours du *Balaitous*; une partie du grand glacier a perdu ses neiges.

Il faut avoir le pied et la tête solides pour descendre la *cannelure* de la *Cannelotte*. Heureusement que les neiges ont glissé presque toutes dans le fond, sur une pente de 70°, et nous n'avons qu'à nous laisser aller sur le sable humide.

Jean et un de ses camarades se trouvaient ici au commencement de juin. Les neiges étaient molles et ne pouvaient supporter le poids du corps. Ils hésitèrent longtemps ; mais la nuit arrivant les força à prendre un parti. Jean étendit sa *Capa*, s'assit dessus, faisant passer l'extrémité entre ses jambes, et la retenant avec les mains pour présenter une surface plus considérable. A peine lancé, son corps fit la pirouette ; il eut beau étendre les bras et les jambes, rien ne put l'arrêter. Roulant ainsi aux quatre points cardinaux, non-seulement jusqu'en bas de l'avalanche, c'est-à-dire 40 mètres de haut; mais encore par-dessus les rochers qui en appuient la base, il y resta tout meurtri. Son camarade le croyant mort, perdit la tête, et se jeta à corps perdu dans le précipice. Il fut le plus heureux; car enseveli dans une neige profonde, il ne se fit aucun mal.

Les lacs et les excavations que nous y avions vus (p. 94 du guide), ont disparu. La neige a tout nivelé; mais elle est solide et nous emporte rapidement jusqu'au pied de *Peneméda* que nous franchissons au pas de course sous l'ombre déjà glaciale du Ger.

A 7 heures 1/4 nous envahissons, à *Bésou*, la cabane de Jean Casamourietche, où un dîner succulent, de pain et de beurre frais, efface le souvenir hideux du poulet des Eaux-Bonnes.

Le crépuscule confond déjà tous les objets, il faut hâter le pas pour sortir de ces casse-cou avant que l'obscurité ne soit complète. Je prends un *Apollon* voluptueusement endormi dans une fleur d'Iris que j'aperçois au clair de la lune.

A 8 heures nous débouchons à la *Recouéche*, c'est-à-dire sur la route de Cauterets. La nuit est déjà si profonde qu'il faut renoncer à prendre les raccourcis de la *Cura* au-dessous des *Arrious blancs*[1]. *Lou Garrot* de la *Hitte* [2] est une borne digne de ce grandiose paysage; son écho répète nos pas et nos chansons. Quel ennui d'être obligé de suivre ces longs coudes de la route par *lous Orse*, la petite cascade de la *Gargande* qui, un jour d'orage, est

---

[1] Ruisseaux blancs.
[2] Tertre de la borne.

aussi belle que *Larressec* sa voisine, et le *pla de Poursiougues* (¹) où une jument de Lanusse va se précipiter cette nuit même.

C'est en vain que nous marquons le pas en scandant le clair de la lune pour attendrir l'astre des nuits; la paresseuse n'est pas encore levée, et sans la butte de la *Rune* qui se détache sur le ciel, nous irions nous jeter dans la cantine. Le torrent qui s'engouffre en mugissant dans les abîmes de *lous-Candaous* (2), nous indique le pont de *hêche* (³); mais, il faudrait avoir des yeux de Linx pour se diriger sous les sapins de *Peirepioule*. Si le raccourci de la *Cura* a été mis aux voix, celui-ci ne trouve même pas un avocat. Petit à petit, cependant, les yeux se font à cette obscurité et nous pouvons reprendre notre pas de course pour arriver aux Eaux-Bonnes à 9 heures 3/4, après une absence de près de 19 heures.

(1). Plateau de broussailles.
(2) Torrent entre deux parois verticales.
(3) Pont des échelons.

HERBORISATION DES EAUX-BONNES

AUX EAUX-CHAUDES PAR LE PIC DU GER.

Rapport à la Société botanique de France, par le comte Roger de Bouillé, l'un des vice-présidents de la session de 1868.

Je dois témoigner ma reconnaissance à la Société botanique de France qui a bien voulu me laisser commettre ce larcin dans le bulletin quelle vient de publier. Quant à l'auteur de ce rapport, je suis si intimement lié avec lui, que j'ai cru pouvoir, sans blesser ma conscience, m'approprier la plus grande partie de son travail.

....

Il est quatre heures du matin ; tandis que tout repose encore aux Eaux-Bonnes, une troupe de volontaires se réunit sur la place du Gouvernement.

Leurs armes brillent à la lueur indécise du crépuscule ; ce sont celles du pionnier. Chercheurs d'or de la science, ils vont, avec ces longs coutelas qui pendent à leur ceinture, ouvrir les flancs du Ger pour y chercher les trésors que la flore pyrénéenne cache dans son sein.

L'honneur de les guider revenait naturellement au *pasteur-botaniste* de la vallée d'Ossau, acclamé la veille dans une réunion fraternelle ; mais resserré dans les limites trop restreintes d'un programme qui n'accorde qu'un jour à l'herborisation des Eaux-Bonnes (750 mètres), on a calculé que pour faire une excursion fructueuse à cette époque avancée de l'année, il fallait s'élever environ à 2500 mètres, et compter sur une marche de quatorze heures. Malheureusement les forces de Gaston Sacaze ne participent pas à l'éternelle jeunesse de ses montagnes, et on a dû recourir à un moins digne que lui.

Avant de partir, nous ne saurions passer sous silence la *Sulfuraire* : ce filament velouté et floconneux qui se dépose au fond du verre lorsqu'on le remplit d'eau thermale. Douée d'une organisation déterminée, elle a été classée botaniquement par M. le docteur Fontan.

Laissant autour de nous l'*Anemone Hepatica* L. au-dessus de la source froide, et l'*Hieracium nobile* G. G. sur les rochers qui dominent les maisons à l'ouest, nous remontons lentement le torrent de la Soude au milieu de l'obscurité, en trébuchant sur les pierres roulantes et de rares cailloux d'ophite;

Daphne laureola L. — *Sambucus racemosa* L. — *Meconopsis cambrica* Vig. — *Lilium Martagon* L. — *Erinus alpinus* L. *Parnassia palustris* L. — *Alchemilla alpina* L.

Ces trois dernières plantes vont nous accompagner jusqu'au *pla-d'Anouilhas*.

A la *passade-nave* (1), la source surgit sous nos pieds, et en face de *lou-sarrat-deous-esterets* (2), le sentier en zigzags serpente au travers des buissons. *Aquilegia pyrenaica* DC. jusqu'à la *Rasure du Ger*. *Helianthemum vulgare* Gœrtn, var. B. *virescens* G. G.

Après avoir dépassé la gorge de *Balour* à la *peire-bigarade* (3), le chemin disloqué par les arbres qu'on y traîne, s'élève rapidement entre le *turon-deous-cristaous* et les sapins de Montcouges, pour entrer dans la *Coume-d'Aas*, l'une des grandes failles produites par les soulèvements.

A la pointe du jour, nous nous arrêtons à l'avalanche de *Louctores* dont la moraine, traversant le ravin, s'étale jusqu'à nos pieds. A tout seigneur tout honneur! La première plante arrachée dans les rochers même de l'avalanche est le *Thalictrum ma-*

---

(1) Passage nouveau.
(2) La colline des Copeaux.
(3) Pierre bigarrée. C'est à Gaston Sacaze que je dois la plupart de ces étymologies.

crocarpum Gren., qu'accompagnent l'*Iberis Bernardiana* G. G. — *Allium roseum* L. — *Spiræa aruncus* L. — *Hypericum nummularium* L.

Au-dessus de la cabane de l'*Atracao*, tout à fait en haut de la prairie, sur la lisière du bois de sapins, un peu sous les arbres qui bordent l'avalanche. On trouve un *Pinguicula grandiflora* Lam. dont la fleur est *rose* au lieu d'être violette comme à l'ordinaire. Le *Pinguicula* à fleur violette couvre toute la montagne et descend dans la plaine jusqu'à Arudy.

La récolte ne commence véritablement qu'au sortir des Sapins de *lou Soucara* (²), en face du grand *pla de Gesque*, au moment où les premiers rayons du soleil frappent les sommets de *Pembecibé*, au-dessus du *Pamboula* encore noyé dans l'ombre de la *Spada*. Il y a quelques semaines à peine, la neige du ravin s'élevait à plus de 20 mètres; tout a disparu, et les gosiers déjà altérés par une marche d'une heure et demie, doivent attendre que nous ayons gravi jusqu'à la source du pic du *Ger*, dont la brise matinale nous apporte le murmure. La fontaine de *Gesque* qui suinte à travers les lichens, dans un tronc vermoulu, ne mérite pas son nom.

La liste suivante :

Potentilla alchemilloides Lap. — *Primula farinosa* L. —

(2) Le soleil y rayonne.

Silene acaulis L. — *Salix pyrenaica* Gouan. — *Horminum pyrenaicum* L. — *Teucrium pyrenaicum* L. — *Erigeron alpinus* L. — *Leontopodium alpinum* Cass. — *Pinguicula grandiflora* Lam. — *Saxifraga aizoides* L.

renferme des plantes qui montent toutes jusqu'au pic d'Aucupat.

Quelques imprudents sont partis complétement à jeun, on s'arrête à *las Québas* de *Gesque* pour réparer cet oubli, mais un instant seulement; car l'ombre qui nous couvre est glaciale : sensation d'autant plus remarquable qu'au nord, la plaine de Laruns qui nous apparaît est déjà toute embrasée par la lumière.

Un peu plus haut, en montant vers *Bouye* :

Saxifraga cæsia L. — *Helianthemum canum* Dun. — *Saxifraga longifolia* L. — *Saxifraga Aizoon* Jacq. — *Saxifraga umbrosa* L.

Après avoir traversé le ravin, nous entrons dans les sapins que dominent les aiguilles de *las-Quintettas* en revenant brusquement au nord pour contourner la base même du pic de *Ger*. Les rochers sont fendus comme un livre entrouvert, et nous prennent les pieds dans leurs étaux. Bientôt le sentier se rétrécit en regardant le midi, et finit par s'effiler sur une dernière ardoise qui menace de nous jeter dans le vide. Cependant, on s'élance à l'assaut, chaque rocher donne une abondante récolte; les plus lestes grimpent aidés par les plus sages. Il n'est pas d'années ni d'infirmités, l'amour de la science a donné à tous des jarrets de vingt ans. Au-dessous du petit pic de l'*Enseigne*, les bergers du *Cujala-des-Espagnols* (¹) qui allument le feu pour le repas du matin, doivent nous prendre pour des fous qui veulent escalader les murailles perpendiculaires de la *Spada*. Voici la liste de nos récoltes:

Agrostis pyrenæa Timbal. — *Alopecurus Gerardi* Vill. — *Lasiagrostis Calamagrostis* Link. — *Meconopsis cambrica* Vig. — *Ranunculus Thora* L. — *Buplevrum gramineum* Vill. — *Betonica Alopecuros* L. — *Potentilla fruticosa* L. — *Anemone Hepatica* L. — *Lactuca muralis* Fres. — *Veronica Ponæ* Gouan. — *Dryas octopetala* L. — *Arctostaphylos officinalis* Wimm. — *Pirola minor* L. — *Sorbus Aria* Crantz. — *Hypericum nummularium* L. — *Angelica pyrenæa* Spreng. — *Kernera saxatilis* Rchb. — *Globularia nudicaulis* L. — *Trinia vulgaris* DC. — *Dethawia tenuifolia* Endl.

Et en sortant du bois :

Thalictrum majus Jacq. — *Geranium silvaticum* L. — *Ribes alpinum* L. — *Rosa pyrenaica* Gouan (var. du *R. alpina* L.).

Nous quittons alors les Sapins et les Hêtres, ce qui, dans ces régions, devrait être l'indice d'une hauteur de 2,000 mètres environ; mais ici une raison particulière peut modifier cette donnée : c'est une terrasse naturelle qui semble empêcher les arbres de s'élancer plus haut, et sur laquelle les avalanches balaient tout ce qui excède la surface du sol. Nous l'escaladons pour nous répandre dans la *rasure*. On appelle ainsi les pâturages herbeux

(1) Cabane des Espagnols.

qui se trouvent enclavés, sur les pentes, par les débris stériles. Ces gazons sont fatigants et rapides, leurs ondulations vont nous conduire jusqu'au *Capéran* dont nous apercevons déjà les aiguilles.

Rhododendron ferrugineum L. — *Rhinanthus alpinus* Baumg. — *Buplevrum ranunculoides* L. — *Aster alpinus* L. — *Nigritella angustifolia* Rich. — *Astrantia minor* L. — *Erigeron uniflorus* L. — *Androsace villosa* L. — *Gentiana acaulis* L. — *Gentiana verna* L. — *Gentiana verna* L. var. *alata* G.G. — *Gentiana verna* L. var. γ. *brachyphylla* G.G. — *Allium fallax* Don. — *Sedum atratum* L. — *Asplenium viride* Huds. — *Anthyllis Vulneraria* L. var. γ. *rubiflora* G.G. — *Silene quadrifida* L. — *Allium ochroleucum* W. — *Aspidium Lonchitis* Sw. — *Gentiana acaulis* L. var. γ. *parvifolia* G.G. — *Gypsophila repens* L. — *Sorbus Aucuparia* L. — *Tofieldia calyculata* Wahl — *Dianthus monspessulanus* L. — *Alsine verna* Bartl. — *Campanula glomerata* L. — *Phyteuma spicatum* L. — *Pedicularis rostrata* L. — *Valeriana montana* L. — *Gentiana acaulis* L. var. B. *media* G.G. — *Sedum micranthum* Bast. — *Sedum dasyphyllum* L.

Bientôt nous apercevons le *Cujala-du-Ger* (1) dont nous sépare la ravine où glissent les avalanches. Elle est creusée et polie par le passage séculaire des eaux et des neiges. Les plus hardis s'y aventurent pour y cueillir, entr'autres, un *Campanula* que M. Manceaux (du Mans) croit être le

Campanula pusilla Hœncke. — *Saxifraga aretioides* Lap. — *Saxifraga muscoides* Wulf. — *Saxifraga cæsia*. L. — *Saxi-*

---

(1) Cabane du Ger.

fraga ajugæfolia L. — *Linaria origanifolia* DC. — *Asperula hirta* Ram. — *Hieracium mixtum* Frœl. — *Saxifraga sedoides* L. — *Valeriana globulariæfolia* Ram.

Et sur les bords :

Avena montana Vill. — *Carex sempervirens* Vill. — *Carex atra'a* L. — *Carex rupestris* All. — *Selaginella spinulosa* Al. Br. — *Polygonum viviparum* L. — *Leontodon pyrenaicus* Gouan. — *Alsine cerastiifolia* Fenzl. — *Festuca rubra* L. var. *stolonifera* Timbal. — *Festuca rubra* L. var. *glauca* Timb. — *Linaria alpina* DC.

Nous approchons de la source du pic; elle est en ce moment abondante et glacée; on rencontre sur ses bords :

Arenaria grandiflora All. — *Arenaria purpurascens* Ram. — *Antennaria dioica* Gœrtn. — *Betonica hirsuta* L. — *Hutchinsia alpina* R. Br. — *Crepis pygmæa* L. (jusqu'au pla d'Anouilhas). — *Veronica aphylla* L. — *Salix reticulata* L. — *Vaccinium uliginosum* L.

Il faut appuyer à gauche pour trouver le *Ranunculus parnassifolius* L. auprès d'un banc de neige qui recouvre un trou profond, et sert de marchepied pour escalader un rocher calcaire et délité. En tournant subitement à l'ouest, on trouve alors :

Primula intricata G. G. — *Daphne Cneorum* L. — *Viola biflora* L. — *Scutellaria alpina* L. — *Potentilla nivalis* Lap. — *Salix herbacea* L. — *Ranunculus alpestris* L. — *Pedicularis pyrenaica* J. Gay. — *Carex nigra* All. — *Plantago montana* Lam. — *Arenaria ciliata* L. — *Ranunculus Gouani* Wild. — *Veronica alpina* L. — *Bartsia alpina* L. — *Passerina dioica* Ram.

Demain peut-être ce passage sera interdit, parce

que la fonte des neiges nous laissera en face d'une muraille impossible à gravir. On continue dans la direction du couchant pour franchir les mamelons qui séparent du *Capéran*. C'est ici que se trouvent les derniers arbres : le *Pinus uncinata* Ram., dont il n'y a que trois échantillons de 50 centimètres de haut. Si dans les Pyrénées, les Hêtres, les Sapins et les Bouleaux s'arrêtent à 2000 mètres environ, les Pins, les Rhododendrons et les Genévriers disparaissent généralement à 2500 mètres. Je dis généralement ; car sur le *salon* même du pic de Ger (2613 mètres) est un *Juniperus* tellement froissé par le sabot des isards, qu'il est à peine visible.

Le transport des plantes, à des distances quelquefois incommensurables, est ordinairement attribué aux vents qui les emportent dans les airs, ou aux eaux qui les charrient sur les pentes. Le premier mode explique parfaitement le voyage des graines légères et déjà munies d'ailes comme les *Hieracium*, les *Senecio*, les *Dryas* et les *Epilobium* ; le second ne peut convenir que pour des stations plus basses. Mais la translation des graines plus pesantes dans des régions au-dessus de leurs altitudes normales, ne peut se faire que par l'intermédiaire des oiseaux, agents de ces relations souvent plus qu'internationales. Le pinson et la grive, tous deux granivores, s'élèvent, l'un tant qu'il y a des arbres, l'autre tant qu'il a des graines ou des baies. Devenus, à leur tour, la proie des grands oiseaux chasseurs, qui, comme l'aigle, transportent leur butin au sommet des montagnes, ils vont périr loin des régions qu'ils ont moissonnées, et féconder d'autres terres, quelquefois même d'autres climats; car les serres énormes de leurs bourreaux, retiennent souvent des lambeaux de chair, des débris de graines non digérées, qui, séchées et collées dans leurs callosités, peuvent y séjourner plusieurs jours (1). Si maintenant, l'on calcule les espaces immenses que peuvent parcourir en un instant ces grands voiliers, l'imagination reste confondue. Sous François Ier, un faucon échappé de la fauconnerie royale fut repris le même jour à Malte.

Une inflexion du Ger, dans l'ombre duquel nous avons marché jusqu'ici, nous permet de recevoir les rayons du soleil. Il faut que les parois du pic soient bien minces, puisqu'en regardant à l'est, nous voyons le jour au travers, par un trou de quelques centimètres, qui, laissant glisser la lumière au milieu de l'obscurité, a l'air d'une petite lampe allumée. Des insectes aux ailes diaphanes se jouent au sommet du salon, et d'ici ressemblent à des lucioles. Au-dessus, une véritable étoile brille encore au firmament, où elle s'est oubliée. (Huit heures).

---

(1) Il n'est personne à qui il ne soit arrivé d'aller à l'affût des corbeaux sous quelque futaie, et d'avoir entendu, lorsque passent leurs nuées funèbres, une sorte de pluie bruyante, causée par les immondices qui se détachent de leurs pattes.

Au pied du Capéran ou pic du Moine (*Chapeau de Curé*), dont les isards eux-mêmes n'ont jamais franchi les aiguilles, coule une source limpide, la plus haute de ces régions. Elle arrose un gazon verdoyant qui nous invite au repos. *Ranunculus alpestris* L. — *Aronicum scorpioides* D C. — *Saxifraga ajugœfolia* L. — *Primula farinosa* L. — *Primula integrifolia* L. — *Veronica aphylla* L. — *Salix retusa* L.

Les provisions sont tirées des sacs, et chacun s'installe sur la pelouse ou sur les rochers. Jamais le Capéran n'avait vu si nombreuse compagnie; en comptant les trois porteurs, nous étions seize convives. Nos vêtements, habitués à voir lever l'aurore et coucher le soleil, en reflètent toutes les nuances. Le prisme le plus pur n'est pas si habile à rendre les couleurs de l'arc-en-ciel que ces étoffes qui ont bravé toutes les intempéries, conservant religieusement leur teinte primitive dans les replis qu'ignore la lumière.

Nos coiffures sont impossibles : c'est Saint-Pierre de Rome, ce sont les coupoles de Saint-Marc, les pagodes de l'Inde ou les minarets d'Orient.

Ajoutez à cela ce volumineux tuyau qui nous coupe le corps en deux, notre boîte à bijoux, et vous aurez l'idée d'un costume qui n'est pas coquet; mais qui a bien sa raison d'être lorsque nous sommes couchés sur les rochers inondés de lumière, ou à l'ombre des pics dans de sombres ravins, comme un croquis de Salvator. Un élégant en grande tenue, qui aurait été, comme nous, grillé par le soleil, léché par les nuages ou lavé par la pluie, serait encore bien plus drôle. Cependant c'en est assez pour faire le bonheur des oisifs, lorsqu'au retour ils voient passer les *herboristes* (les plus indulgents disent les *fleuristes*).

Hier soir, l'un d'eux demandait : quel plaisir on pouvait trouver à suer sang et eau pour ramasser de l'herbe.... « Mon Dieu, répondit un herboriste » un peu piqué de la question, c'est que les herbes » de la montagne ont des vertus particulières : elles » font parler les bêtes ! »

Mais nous voilà repus et dispos, il faut reprendre nos bâtons.

Les neiges qui viennent de fondre (1), nous permettent de rencontrer encore, malgré la saison avancée, toutes les plantes, qui, plus bas, ont déjà été dévastées par la sécheresse ou les troupeaux.

Salix pyrenaica Gouan. — *Paronychia serpyllifolia* DC.— *Globularia cordifolia* L. var. B. *nana* Lam.—*Bartsia alpina* L. — *Jasione perennis* Lam. var. B. *pygmæa* Lam. — *Alsine recurva* Wahlenb. — *Biscutella lævigata* L. — *Helianthemum canum* Dun. — *Arenaria serpyllifolia* L. var. γ. *nivalis* G.G.

Les *Vulcains*, les *Belles-Dames* et les *Tortues* (*Vanessa Atalanta, Cardui, Urticæ*), qui voltigent autour de nous, feraient presque croire que nous

(1) Guide Jam, p. 56.

sommes encore dans la plaine, si les *Erebia Gorgone, Manto, Lefebvrei, Cassiope*, et les *Zygœna Anthyllidis* et *exulans*, etc., plus fidèles dans leurs amours et moins vagabondes, ne nous rappelaient que nous sommes environ à 2250 mètres.

On s'approche des trous où la source du Capéran se perd presque immédiatement. Ce sont des puits naturels, où les rochers que nous y roulons bondissent à des profondeurs sans nom ; sombres et inaccessibles retraites des Choquarts *(Pyrrhocórax)*, qui viennent en sifflant se poser jusqu'à nos pieds, pendant que nous arrachons dans les fentes l'*Armeria alpina* Willd., qui revêt ici une couleur pourpre, comme si elle était enivrée des rayons du soleil.

Nous continuons notre ascension. Dans les suintements humides : *Galium pyrenaicum* Gouan, — *Myosotis pyrenaica* Pourr. — *Veronica alpina* L. — *Epilobium montanum* L. var. B. *collinum*, que MM. Grenier et Godron regardent comme une espèce légitime.

Au sommet d'une terrasse qu'on laisse à droite, quand on monte vers l'est au pic du Ger, nous sommes surpris par une tourmente qui nous laisse à peine la possibilité de noter :

Sempervivum arachnoideum L. — *Leontodon pyrenaicus* Gouan var. B. *aurantiacus* Koch. — *Veronica nummularia* Gouan — *Daphne Cneorum* L. — *Aster alpinus* L. — *Aronicum scorpioides* DC. var. B. *pyrenaica* Gay. — *Valeriana globulariæfolia* Ram. — *Leucanthemum graminifolium* Lam. — *Ranunculus montanus* Wild.

Nous laissons sur la gauche l'*Anemone narcissiflora* L. le *Gentiana nivalis* L., et au sommet même du Ger (2613 mètres) le *Saxifraga groenlandica* L , et le *Draba pyrenaica* L. On hésite un instant ; mais ce serait un supplément de deux heures, aller et retour, et il faut consulter le temps et nos forces. On abandonne donc à regret ces jolies plantes pour se diriger à l'ouest vers le col d'Aucupat (1) par le Clot-Ardoun (2) :

Buplevrum ranunculoides L. var. B. *caricinum* DC. — *Pedicuralis pyrenaica* Gay. — *Onobrychis supina* L. — *Draba aizoides* L.—*Oxytropis pyrenaica* G. G.— *Scilla verna* Huds.— *Sideritis hyssopifolia* L. — *Solidago Virga-aurea* L. — *Jasione humilis* Pers. — *Antennaria dioica* Gœrtn. — *Antennaria carpatica* G.G. — *Kœleria setacea* Pers. — *Erysimum ochroleucum* DC. — *Campanula linifolia* Lam. — *Phyteuma orbiculare* L. var. B. *lanceolatum* G. G.—*Arabis stricta* Huds.— *Sideritis incana* Gouan. — *Carduus carlinoides* Gouan. — *Scutellaria alpina* L. — *Galium montanum* Vill. — *Galium cæspitosum* Ram. — *Galium rotundifolium* L.

En rasant le pied d'Aucupat (2381 mètres) et le contournant par le sud, on trouve dans un enfoncement, à l'est, le *Lithospermum Gastoni* Benth.; dont la floraison est passée; tout autour, sur les buttes et dans les raillères :

Saponaria cæspitosa DC. — *Euphrasia Soyeri* Timbal. — *Eryngium Bourgati* Gouan. — *Paronychia serpyllifolia* DC. — *Campanula stolonifera* Miégeville.

(1) Qui préoccupe, difficile.
(2) Concavité ronde.

Et sur les rochers au midi :

Saxifraga longifolia Lap.— *Paronychia polygonifolia* DC.— *Allosurus crispus* Bernh. — *Teucrium pyrenaicum* L. — *Salix herbacea* L. — *Pedicularis tuberosa* L. — *Anthyllis Vulneraria* L. var. γ. *rubriflora* DC. — *Anthyllis Dillenii* Schult.

que MM. Grenier et Godron croient pouvoir être une espèce nouvelle.

L'Arcisette dresse ses trois pointes devant nous (1); à sa gauche s'élance Amoulat (2). A l'ouest s'ouvre le col de Lourdé, pour nous laisser admirer le colosse d'Ossau, tandis que le soleil couchant s'abaisse à l'horizon derrière les pics d'Aule, de Gaziès, et les neiges légendaires d'Anie qui nous cachent les brumes de l'Océan.

De l'autre côté du col d'Aucupat où nous sommes, dans les anfractuosités du Pembécibé, à l'abri des rayons immédiats de la lumière : *Saxifraga aretioides* Lap.— *Androsace pubescens* DC. var. γ. *hirtella* L. Dufour, qui se rencontrent presque toujours ensemble.

Les *Eryngium Bourgati* Gouan et les *Aconitum Napellus* L. commencent; mais le plus grand gise-

---

(1) Le premier mamelon a 2,502 mètres, le second 2,390 mètres et le troisième 2,092 mètres, Guide Jam, p. 91.

(2) Aigu, la hauteur de ce pic difficile est de 2,595 mètres à l'ouest et de 2,618 mètres à l'est, Guide Jam, p. 87.

ment est à nos pieds dans la *pla-Cardoua* (¹). Nous notons encore :

Thesium pratense Ehrh. — *Ononis striata* Gouan. — *Scorzonera aristata* Ram. — *Asterocarpus sesamoides* J. Gay. — *Globularia cordifolia* L. var. B. *nana* Lam. — *Astragalus aristatus* L'Hér. — *Authyllis montana* L.

Nous nous laisons glisser dans *lou-ralias-d'Aucupat* (²) qui nous emporte malgré nous sur sa raillère à pic, tristes ruines des montagnes égrenées par les siècles, d'où sortent d'énormes buissons de *Cirsium glabrum* DC. et des touffes d'*Iris œyphioides* Ehrh. On remarque encore l'*Iberis Bernardiana* G. G. — *Crepis albida* Vill. — L'*Orobanche Scabiosæ* Koch. sur un *Carduus carlinoides* Gouan.

Cette descente est extrêmement pénible ; aussi, lorsqu'après avoir traversé les débris rocailleux qui obstruent le commencement d'Anouilhas, nous arrivons au ruisseau d'Amoulat, chacun s'étend sur ses bords glacés pour dévorer le reste de nos provisions. L'*Onopordon illyricum* L. pousse dans les anfractuosités exposées au nord.

C'est ici la route du Ger, lorsqu'on y va à cheval. Nous suivons le sentier pour nous enfoncer dans

---

(3) Prairie des Chardons. A la page 90 du Guide Jam, j'avais dit que ces chardons portaient le nom d'*Eryngium amethystinum* Lam.; en le nommant ainsi, on le reconnaîtra toujours; mais aujourd'hui il est désigné sous le nom de *Bourgati* que lui a donné Gouan.

(4) La raillère d'Aucupat.

Anouilhas, dont le cirque, entouré de hautes murailles, offre à nos pieds meurtris le velours de ses pelouses, emplacement d'anciens lacs qui se sont effondrés dans quelque cataclysme.

Geum montanum L. — *Hypericum Burseri* Spach. — *Ajuga pyramidalis* L. — *Saxifraga aizoides* L. — *Gentiana campestris* L. — *Saxifraga acaulis* L. — *Astragalus depressus* L. — *Dethawia tenuifolia* Endl. — *Buplevrum angulosum* L. — *Gagea Liottardi* Schult. — *Festuca spadicœa* L.

Hélas ! les troupeaux ont presque tout dévoré, nous passons rapidement. D'ailleurs, notre tâche est finie ; une seconde troupe, guidée par M. Michelin de la Rochelle, a parcouru tous les sommets d'alentour et ne nous a rien laissé à glaner.

Pour sortir d'Anouilhas, nous abandonnons un instant le calcaire, en longeant d'immenses débris d'ophite qui s'étendent jusqu'aux pelouses de Cézy, (*Avena montana* Will. — *Trifolium thalii* Will.) et nous gravissons le ressaut qui va nous descendre dans les interminables ondulations des pacages du Gourzy, dont nous laissons le col à droite.

Ranunculus amplexicaulis L. — *Gentiana Burseri* Lap. — *Saponaria cæspitosa* DC.

Ce col est implacable quand la tourmente souffle dans la montagne. Un de nos confrères, bien imprudent, parti ce matin, sans guide, des Eaux-Bonnes, va s'y perdre ce soir avec une toute jeune enfant, et au milieu des angoisses de la faim et du froid, y passer la nuit, sans autre abri qu'un paletot d'été, un pan de rocher et la voûte du ciel.

Mais descendons aux Eaux-Chaudes. Les magnifiques bois de Sapins que nous traversons étaient autrefois le repaire favori des ours; maintenant ils n'y viennent plus qu'en passant, et les seuls hôtes redoutables de ces halliers sont les vipères, qui y sont malheureusement trop abondantes (*Digitalis purpurea* L.).

Dans une plaine d'*Iris : Viola cordata* DC., et, à côté de sa variété complétement blanche, une espèce de *Spinacia* qui sert à faire la soupe aux bergers.

Arrêtés un instant en face du joli hameau de Goust déjà dans l'ombre, pour attendre les retardataires, nous y notons: *Gentiana ciliata* L. — *Merendera Bulbocodium* Ram., et nous entrons à six heures aux Eaux-Chaudes, après une excursion de quatorze heures.

Enfin, pour que rien ne manque aux plaisirs de la journée, une fête improvisée, où la cordialité le dispute au vieux sel gaulois, nous réunit autour de notre aimable et savant organisateur, M. le comte Jaubert.

Avant de terminer ce rapport, je crois devoir signaler une dernière plante, assez rare dans cette contrée : l'*Anthirrinum sempervirens* Lap., que nous allons chercher au pont du Hourat, et que nous ne retrouverons plus que dans les gorges, depuis Pierrefitte jusqu'à Gèdre, où il a été découvert la première fois sur les ruines même de l'église.

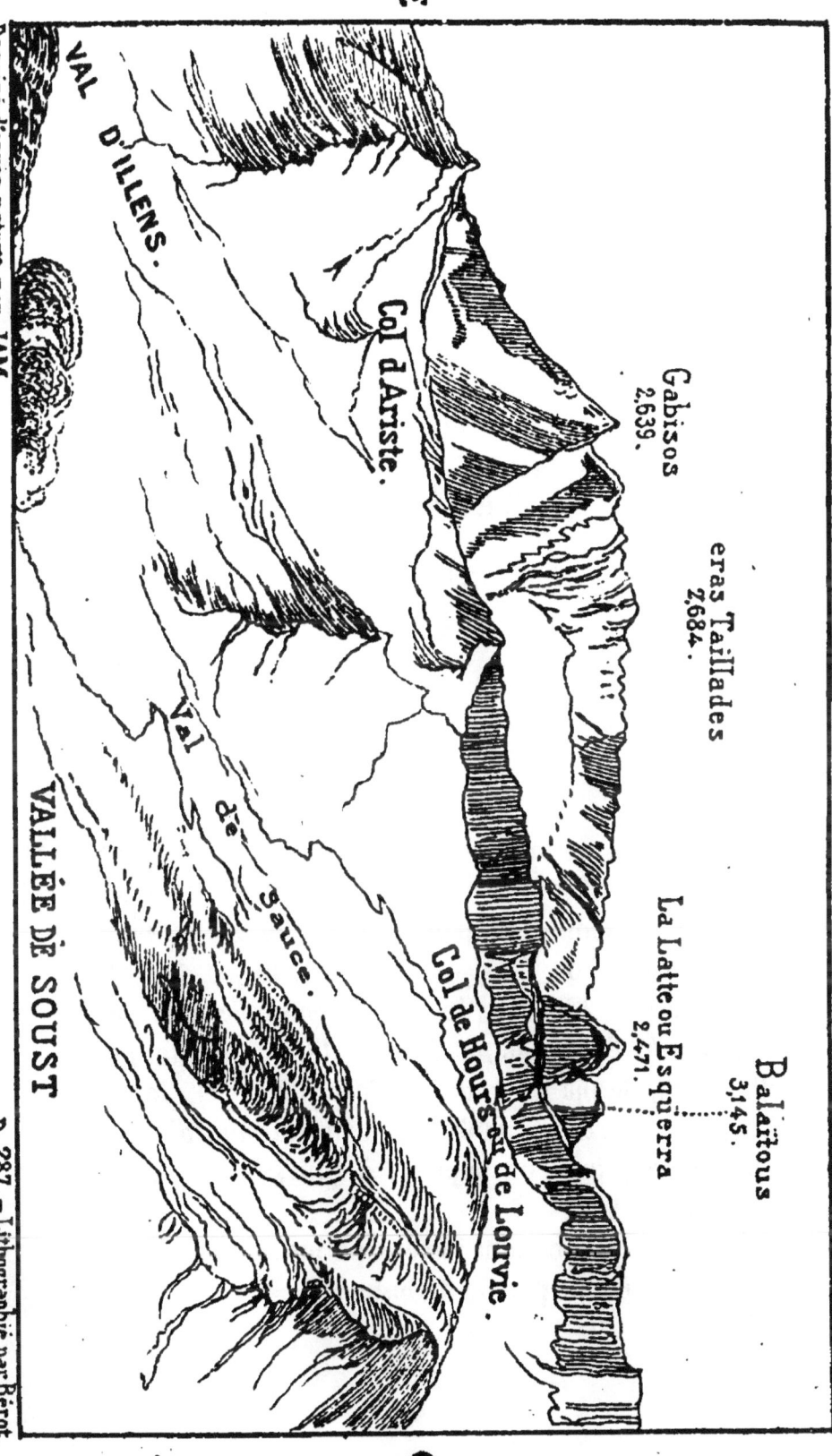

VUE PRISE DE LA PLACE ROYALE, A PAU.

GABISOS.

(2,639ᵐ.)

Il y a un certain nombre de pics du Midi dans les Pyrénées; sans avoir la prétention de les citer tous, j'en nommerai quelques-uns : le *pic du midi du Roussillon* ou *Canigou* (2,785ᵐ), le *pic du midi de Bigorre* (2,877ᵐ), le *pic du midi de Pau* ou *d'Ossau* (2,885ᵐ), le *pic du midi d'Oo* ou *Montarqué* (2,933ᵐ), le *pic du midi de Génos* (2,479ᵐ), le *pic du midi d'Arrens* (2,266ᵐ) et le *pic du midi d'Asson* ou *Gabisos*, que l'on appelle, à *Gan*, le *pic d'Onze heures* (2,639ᵐ).

C'est de celui-ci dont je veux parler. Mais d'abord, qu'est-ce que le pic de Gabisos?....

Le guide Joanne, dans son panorama pris de la Place Royale de Pau, indique *un seul pic de Gabisos* (2,684^m) un peu imparfaitement dessiné ; car il ne tombe pas ainsi à l'Ouest.

Le panorama du même auteur, pris du pic de Ger, nous montre *toute une montagne de Gabisos*, surmontée de *deux pics* : *un petit* à l'Est (2,639^m) et *un grand* à l'Ouest (2,684^m). C'est cette opinion que j'avais adoptée dans mon guide (p. 96 et 152). Je n'y attachais alors aucune importance ; car ne croyant pas, à cette époque, pouvoir faire cette excursion en un seul jour, je l'avais rayée de mon programme.

Si vous consultez la *vallée d'Ossau vue à vol d'oiseau*, d'après une photographie prise sur le relief (1) fait par M. Bayssellance, ingénieur des constructions navales et membre de la société Ramond ; vous ne verrez qu'*un seul pic de Gabisos* (2,684^m), placé sur la pointe de l'Est où M. Joanne a désigné son petit pic.

Je fus à *Arrens*, et les gens du pays me dirent que le sommet du massif de Gabisos s'appelait : *Eras Taillades*... Cette dénomination nouvelle me frappa d'autant plus que les pacages de Gabisos sont d'Arrens. Voulant approfondir cette question, j'écrivis alors à M. le curé Lacalle qui dessert cette commune.....

(1) Ce relief est à l'établissement thermal des Eaux-Bonnes, c'est un guide indispensable à consulter.

« Les habitants de la vallée d'*Azun*, me répondit-il, appellent *Gabisos, toute la masse* dont vous me parlez, *sans distinguer de petit ni de grand pic;* et ils désignent sous le nom d'*er-as Taillades* la chaîne de rochers qui court *au-dessous du Gabisos*, sur une longueur de six ou sept kilomètres. »

J'écrivis encore à *Gaspard* le meilleur guide d'Arrens, celui qui vous mènera au Balaitous si vous le désirez.

« Le pic de Gabisos, dit Gaspard, est celui qui a 2,684^m, et le *petit piton pointu qui est à l'Est* s'appelle le pic d'*eras Taillades*. »

Pour le coup, je ne sus plus que croire..... De tous les guides que j'ai nommés dans les *renseignements divers*, p. 82, *Orteig* était le seul qui connut le Gabisos, et il hésitait devant les partisans des *deux pics*.

Balotté entre toutes ces opinions, j'ouvris la carte d'état-major..... je n'y ai trouvé qu'*un seul pic de Gabisos* (2,639^m) placé sur le piton Est; puis à force de regarder, je parvins à déchiffrer au travers des hachures qui surchargent cette carte, le mot *Taillades* (2,684^m) placé sur le sommet le plus élevé de cette chaîne. *C'est à ces dénominations que je me suis arrêté.*

J'ai écarté ce double emploi, de *petit et grand pic*, parce qu'il ne s'appuie pas sur les appellations du pays, et qu'il n'a pour lui que le guide Joanne. Cassini, Ramond, Flamichon qui l'a mesuré le premier, Palassou, de Chausenque, Perret géomètre en chef du cadastre et auteur de la carte des Pyrénées, le C*te* H. Russell-Killough, etc., ne désignent sous le nom de Gabisos que le piton de l'Est.

Ceci admis, j'ajouterai que j'ai cru devoir suivre les dénominations de la carte d'état-major, parce que c'est un titre certain ; dressé par des officiers qui sont restés longtemps dans le pays, et qui ont eu à leur disposition tous les documents des communes ; que d'ailleurs, malgré certaines contradictions plus superficielles que réelles, il est certain qu'il existe sur le massif de *Gabisos* un sommet quelconque qui porte le nom de *Taillades*. Or, puisque ce sommet ne peut être le piton Est ($2,639^m$) il faut nécessairement l'attribuer au sommet Ouest ($2,684^m$) où le place cette carte.

Gabisos s'écrit aussi Gavisos. Voici l'étymologie que G. Sacaze m'en donne : « *Ga* ou *Gave* et *viso* : ruisseau du mont *Viso*. On peut encore dire, en faisant dériver ce mot du patois : *ga vis ho*, il a deux eaux ; » c'est ce que nous allons voir dans un instant.

Si on veut aller au Gabisos à cheval, il faut suivre la route de Cauterets jusqu'au tunnel. A peine l'avez-vous dépassé, qu'un ruisseau venant de la montagne traverse la route. Abandonnant alors votre cheval, remontez le cours de l'eau jusqu'à sa source, d'où les sentiers des pasteurs d'Arrens conduisent au col formé par le pic et le reste de la chaîne.

Si on préfère rester plus longtemps à cheval, il faut continuer presque jusqu'au *col-de-Saucède*; puis s'engager le long d'un autre ruisseau, dans des inclinaisons de terrain qui permettent d'avancer assez loin sur les flancs du pic.

L'ingénieuse étymologie de Sacaze, s'appuie sur l'existence des deux cours d'eau que nous venons de traverser.

A moins que vous ne rencontriez un berger pour garder votre cheval, laissez-le dans un endroit où il puisse boire et manger; il n'est pas prudent de l'exposer à la tentation de fermer l'oreille à votre voix pour suivre celle de la nature.

Excursion du Gabisos à pied.

Départ des Eaux-Bonnes à 3 heures du matin.

Prenez la route de Cauterets ou la promenade de l'Impératrice, et passez au pont de Discoos. Environ 200 mètres plus loin, il y a un sentier à droite, qui, en traversant un pré, va vous mener près du pont de Cély. Suivez maintenant la route et les raccourcis indiqués à la page 66 du guide.

(4ʰ 1/2). A la *Recouéche*, la route encaissée entre deux petits murs de gazon, tourne au Nord. 150 mètres plus loin, entrez dans les pâturages du *Cap-de-Apouiche*, et traversez *Azus* en vous dirigeant sur le col de Tortes où vous devez arriver à 5ʰ 1/2. (1)

---

(1) Ces noms de fleur ont été oubliés à la page 126 et suivantes;

Descendez du col, le long de la *Latte-de-Bazen*, en suivant la bande de neige pendant 150 mètres. Quelqu'avancée que soit la saison, il est rare qu'il n'y en ait pas dans cette rainure qui reçoit les égouts de la Latte.

Prenez alors, à droite, le plateau de *Bourroux*(1). Serrez le SO. en vous rapprochant d'*Esquérra*, afin d'éviter les ressauts du bas.

Au milieu de la montagne de Bourroux (1ʰ du col de Tortes), le sentier, laissant une cabane à gauche, vous mène à un autre col entre des rochers. Descendez environ à 100 mètres. Ici, il semblerait qu'il

---

Ils trouvent naturellement leur place ici, puisque nous traversons les mêmes lieux.

Col de Tortes :

Ranunculus Gouani Wild. — *Hypericum nummularium* L. — *Genista Delarbrei* Lecoq et Lamotte. — *Lathyrus canescens* Godr. Gren. — *Onobrychis sativa* Lam. — *Dethavia tenuifolia* Endl. — *Plantago alpina* L. — *Salix reticulata* L. — *Carex decipiens* Gay. — *Carex pyrenaica* Wahl. — *Carex Sempervirens* Vill. — *Lasiagrostis Calamagrostis* Link.

Près d'Arbase :

Cracca Gerardi Gren. Godr. — *Laserpitium Nestleri* Soy. Will. — *Senecio Doronicum* L. — *Hieracium cerinthoides* L.

Au mont Laid.

Ononis striata Gouan. — *Trifolium Thalii* Will — *Lonicera pyrenaica* L. — *Erigeron Alpinus* L. — *Senecio pyrenaicus* Gren. Godr. — *Hieracium sericeum* Lap. — *Hieracium cerinthoides* L. — *Hieracium compositum* Lap. — *Myosotis alpestris* Schmidt. — *Carex decipiens* Gay. — *Avena montana* Will.

(1) *Bou arrous* bonne rosée. Ce plateau est de *Béost*.

faut continuer tout droit puisque le Gabisos paraît en face; mais arrêtez-vous, vous arriveriez à un précipice sans issue. Remontez sur la droite, pour gagner un second col à une heure du premier. (7ʰ 1/2).

Vous êtes ici dans la montagne de *Larue* (¹). Laissant sur la gauche la cabane qui est en bas, on traverse un petit gazon pour arriver à une fontaine qui sort du milieu des pierres et des *Saxifraga ajugæfolia* L. Puis montant encore dans la direction du pic; tout près de la fontaine, vous franchissez un passage, très-facile, qui débouche immédiatement sur la raillère que vous abordez environ vers son milieu.

On pourrait également parvenir en descendant jusqu'aux cabanes; mais alors vous auriez tous ces éboulements à gravir, et ils sont affreux. Par le chemin que j'indique, on en évite la moitié.

Buplevrum ranunculoides L — *Hutchinsia alpina* R. B. — *Asterocarpus Clusii* Gay. — *Réséda glauca* L. — *Gypsophila repens* L. — *Pedicularis rostrata* L. — *Erigeron uniflorus* L.

Un filet d'eau suinte au travers des pierres, à deux cents mètres de l'endroit où on rejoint la raillère. Faites vos provisions; car c'est la dernière source. Voici les neiges, sondez-les avec votre bâton; les perfides fondent en dessous, et vous engloutis-

---

(2) Mot Basque qui signifie bon pâturage.

sent, quelque fois tout entier, dans les trous où elles s'effondrent. Encore 200 mètres, et vous arrivez au col; (8ʰ 1/2) ayant le Gabisos à l'Est, et à l'Ouest le grand sommet *d'eras Taillades* que l'on peut atteindre *difficilement* en suivant une bande de gazon au Sud.

Ranunculus alpestris L. — *Silene acaulis* L. — *Anthyllis vulneraria* var. *d. Allionii* DC. — *Hieracium saxatile* Will. — *Erinus alpinus* L. — *Helianthemum canum* Dun. — *Gypsophila repens* L. — *Gentiana acaulis* L. — *Gentiana acaulis* var. γ. *parviflora* G.G. *alpina* Will. — *Gentiana verna* L. — *Oxytropis pyrenaica* Godr. Gren. — *Saxifraga oppositifolia* L. — *Parnassia palustris* L.

Lorsque vous aurez passé le col, traversez presqu'horizontalement la raillère qui descend du côté d'Arrens. A la fin de juillet 1868, il y avait là un pont de neige comme on en rêve dans les dessins fantastiques. Au sortir de ce pont, une muraille de quatre mètres se dresse devant vous; un génie obligeant y a taillé des marches (de montagne bien entendu), et on la franchit aisément en s'accrochant aux aspérités du rocher.

C'est ici que se trouve le seul endroit dangereux de cette excursion (si l'on a le vertige) : un chemin horizontal de 50 centimètres de large sur 50 mètres de long environ, creusé avec le marteau dans le flanc d'une roche perpendiculaire, sous laquelle l'œil plonge à 100 ou 200 mètres sans pouvoir s'arrêter : d'un côté la paroi du rocher, de l'autre l'abime.

Au delà, il faut escalader des rochers remplis de cristaux. Les nuages qui passent rapidement les couvrent de rosée, et lorsque, dans une éclaircie, le soleil vient les caresser, ils scintillent comme des diamants.

Quelle quantité de *Saxifraga groenlendica* L. et d'*Artemisia glacialis* L.! Cherchez un petit mur en pierres sèches, élevé de main d'homme; je ne sais dans quel dessein. C'est là que vient aboutir le sentier qui monte d'Arrens. D'ici au passage difficile il y a environ 300 mètres. Maintenant, 50 mètres seulement vous séparent du pic qui est aussi large que le salon du Ger, et où s'élève un rocher naturel de $1^m 50^c$, qui du haut des *Taillades* prend des proportions beaucoup plus grandes; on dirait une petite tour. Les officiers d'état major y ont mis une large pierre. A voir les nombreuses traces qui couvrent le sol, on comprend combien les Izards affectionnent ce pic. ($9^h 1/2$).

Pour ne pas me répéter, je ne dirai rien de la vue, qui est la même que celle *d'eras Taillades* où nous allons monter dans la prochaine excursion; j'observerai seulement qu'elle ressemble beaucoup à celle dont on jouit du sommet du Ger, avec cette différence : que le Ger, qui n'a que 26 mètres de moins que le Gabisos, cache une portion du N O., et qu'en compensation, on voit d'ici tout l'Est qui, du pic du Ger, est voilé à son tour par le Gabisos.

Au retour, outre les raccourcis de la *Cura* et de

Peirepioule, on peut prendre un étroit sentier entre deux haies, en face du *pas-de-Sacaze* où l'on voit souvent des dépôts d'ardoises. Ce petit chemin vient se souder à l'extrémité de la promenade de l'Impér^{ce}; et même, si les prés sont fauchés, on les traverse pour aller sortir, alors, à l'embranchement du tronçon qui descend à la cascade du *Gros-hêtre*.

En somme, c'est une excursion de douze heures environ, et encore, on peut venir à cheval jusqu'au col de Tortes. Mais il faut remarquer que j'ai calculé la marche sans les mille distractions qui nous allongent ordinairement.

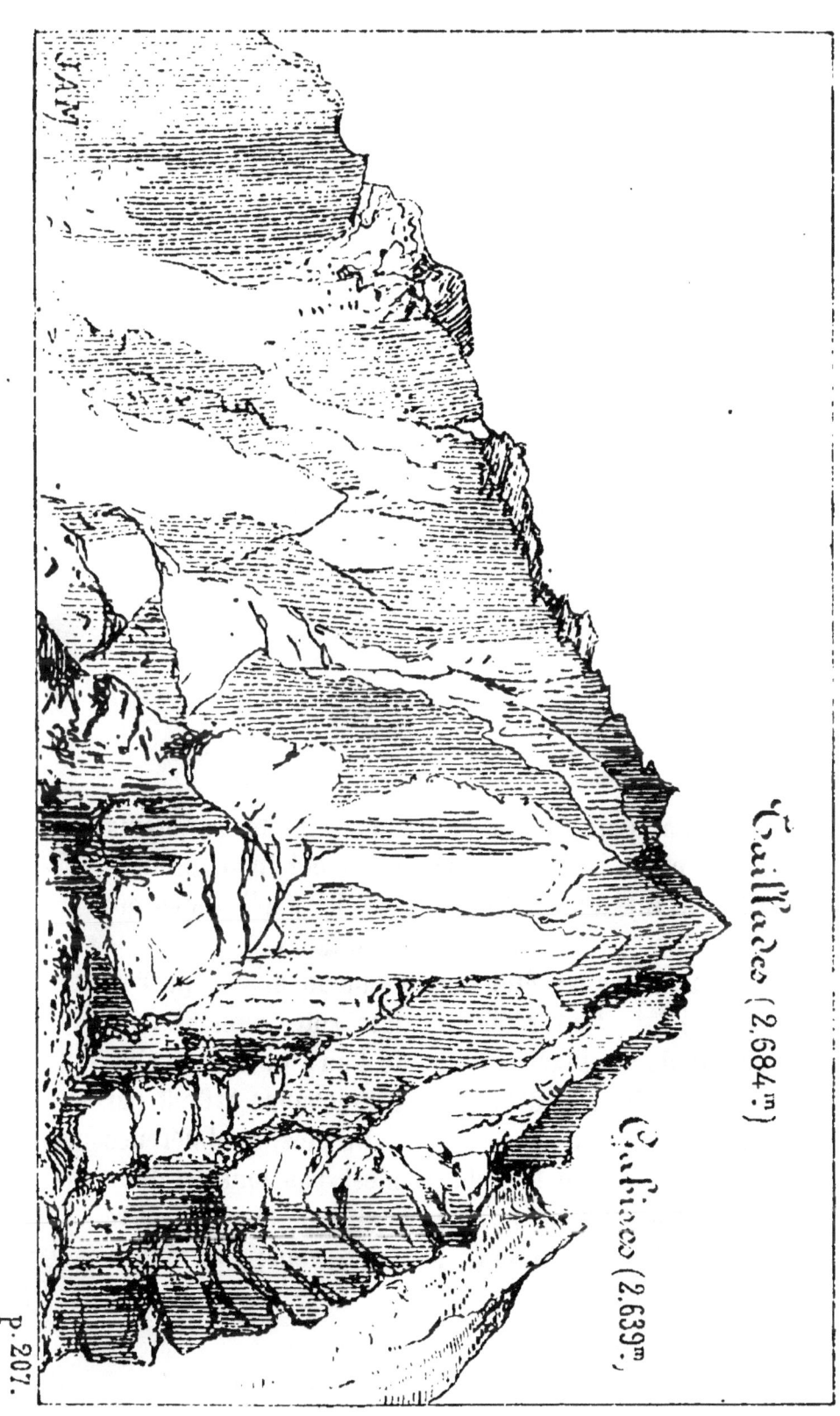

Pics d'eras taillades et de Cabisos, côté de l'Est.

PIC D'ERAS TAILLADES

(2,684ᵐ)

———oo⦂o⦂oo———

Je n'ai point parlé de ce pic dans le panorama de la page 13, parce que j'eusse été incompréhensible avant d'avoir prouvé, par les explications qui précèdent, l'existence d'*eras Taillades*.

Si l'on trouve étonnant qu'aucun auteur ne l'ait signalé? Il faut réfléchir, que soit qu'on le considère de la Place Royale de Pau, ou même simplement du col d'Aubisque, il échappe à l'œil par sa configuration géographique. De plus, sa différence de hauteur avec le Gabisos n'est pas considérable : 45 mètres seulement, et par l'effet de la perspective cette inégalité s'annulle complètement; eras Taillades étant environ à deux kilomètres plus au S S O. et sans saillie bien marquée. Ce n'est que de la vallée d'Azun qu'il paraît parfaitement. Ayant alors pour lui l'avantage du relief et de la perspective, il efface à son tour le Gabisos. Les trois dessins qui accompagnent le texte, n'ont pas la même valeur.....

Je garantis l'exactitude mathématique du profil pris de la Place Royale; tandis que, c'est en voyage, du haut d'un siége de voiture, et sans faire arrêter, que j'ai tracé le versant d'Arrens. Le troisième plan est une augmentation de la carte d'état-major.

Administrativement parlant, le Balaïtous est dans le département voisin; mais l'on doit comprendre, en voyant ce profil panoramique, pourquoi, à la page 14, je l'ai appelé : *le véritable géant des Basses-Pyrénées?*.... Si l'on tire une ligne droite de Pau à la frontière d'Espagne en passant par la pointe du Gabisos, tout ce que cette ligne circonscrit est dans les Basses-Pyrénées, *à l'exception* d'un infime crochet qui donne précisément le Balaïtous [1] aux Hautes-Pyrénées. Me trouvant dans l'alternative de commettre une faute plutôt *administrative* que *géographique*, ou de perdre le lecteur dans des explications complètement dépourvues d'intérêt, je n'ai pas hésité à prendre le premier parti, afin de laisser, au tableau que je traçais,

---

[1] Le versant Nord appartient à la France et le Sud à l'Espagne.

l'aspect synthétique, qui, seul, pouvait attacher et frapper le spectateur.

Dans l'incertitude des difficultés que nous pourrons rencontrer dans cette excursion, j'ai pris deux guides : Jean Soustrade et son beau frère Augustin Lanusse (¹) qui ne connaissent pas plus que nous le pic d'*eras Taillades* (²).

Le 10 septembre 1868, nous partons à 3 heures du matin par la promenade de l'Impératrice, la route de Cauterets, *Peirepioule*, *Leye* et la prairie de la *Cura*.

Il ne fait pas encore jour à *Gourette* (4ʰ 1/2); et pour éviter la rosée, il faut prendre la droite du gave par la *Costa-deou-Cardette* (³), les cabanes *deou Bétéra* (⁴), de *las Salière* (⁵), de *Lambéye* (⁶) et de *Pampalouna*.

La *Queba-deou-Boucaou* (⁷) est un rocher presque perpendiculaire, dont la terrassse supérieure est au niveau de l'*Anouilhas* que la *Galéfre* (⁸) sépare de

---

(1) Au moment où l'on imprime ces lignes, Augustin vient de recevoir enfin la médaille qu'il a si bien méritée. Voir la p. 155 du Guide.

(2) J'ai déjà dit que dans son panorama pris du sommet du Ger, le Guide Joanne appelle ce pic : le grand pic de Gabisos.

(3) La Côte du petit chardon.

(4) Petit parc où l'on enferme les jeunes veaux.

(5) Pierres plates où l'on met du sel pour les brebis, les juments, etc.

(6) L'envie.

(7) La grotte du Bouquetin.

(8) Le précipice.

la *Latte-de-Bazen*. Sa coupe verticale, du N E. au N O., arrête les pentes de deux vallons qui se réunissent à sa base, d'où sort, en bruissant, l'abondante source *deou Boucaou*. Ce mouvement de terrain lui donne la forme d'un triangle renversé. Il est couvert des énormes rosettes du *Saxifraga longifolia* Lap. — On trouve sur les banquettes étroites qui montent du bas :

Phyteuma spicatum L. — *Saxifraga oppositifolia* L. — *Viola biflora* L. — *Saxifraga Aizoon* Jacq.

Ses gradins sont difficiles à escalader, et pour les atteindre, on se décharge naturellement de tout ce qui peut entraver les mouvements. La première fois que j'y montai, je mis mon fusil sur l'herbe à une certaine distance, afin que les cailloux que je ferais rouler n'aillent pas le heurter. Pendant que, parvenu au sommet, je m'extasiais devant un *Saxifraga oppositifolia*, le premier que je trouvais en fleur; une grande ombre passa si près de moi, que je baissai instinctivement la tête en me collant au rocher. C'était un aigle que l'on aurait pu toucher avec un bâton.

Et mon fusil?... Si mon regard désespéré avait été une étincelle électrique, il serait parti tout seul.

L'aigle ne peut se tirer que par surprise, au passage d'une crête, ou quand dans l'exaltation du carnage, il est acharné sur sa proie encore palpitante; se cachant sous ses ailes qu'il ramène en dôme sur la tête, par un sentiment d'ivresse et pour défendre son butin. Hors de lui, il jette de petits cris perçants pour célébrer son triomphe, renverse la tête en la tournant comme la chouette, fait trembler ses plumes et appelle sa femelle avec laquelle il chasse de conserve, lorsqu'elle n'est pas retenue à l'aire par l'incubation.

J'en ai vu, à *Aouzey-long* (1), fouler les buissons comme le *Montagu* (2) ; mais c'était parce que le gibier *coulait* sous les rhododendrons ; car ordinairement, privé d'odorat, il chasse à vue du haut des nues, et à des hauteurs telles que l'œil ne peut l'apercevoir.

Lorsque sa proie lui apparaît, il fond dessus, non pas perpendiculairement ; mais en diagonal de 50° environ, les ailes arrondies, comme deux tuyaux, de chaque côté du corps. Il la terrasse d'un coup de poitrail, la saisit dans ses serres, éprouve ses forces par un premier élan, retouche la terre comme par ricochet et s'envole enfin sur quelque roche.

Au moment du repas, l'eau lui vient à la bouche comme aux chiens, et une longue bave transparente coule de son bec.

Toussenel, dans son livre de *l'esprit des bêtes*, à qui il en prête tant du sien, qu'elles finissent par

---

(1) Au nord du col d'Aubisque.
(2) Le *Montagu* est un oiseau de proie qui a le vol et la couleur du goéland. Il chasse toujours ras terre, plutôt comme un braconnier que comme un oiseau noble. J'en ai tué d'entièrement noirs ; mais c'est très-rare ; ils sont généralement d'un gris cendré.

en avoir plus que nous, détrône ce roi des oiseaux pour mettre l'*Autour* à sa place. Il l'accuse de n'être pas assez noble et de se repaître de la chair des victimes qu'il n'a pas immolées.... Ces reproches sont fondés ; j'ai vu, en Artois, tuer un aigle sur une charogne, et en hiver, on les trouve quelquefois sur des carcasses où il n'y a plus que les os à ronger. Malgré ses habitudes ignobles, l'oiseau de Jupiter, cachant ses sombres prunelles sous une arcade légendaire, a toujours joui des honneurs suprêmes. Ses véritables armes, sont des serres tranchantes comme l'acier. Ne serait-ce pas pour cela qu'on y a mis la foudre?...... Son bec qui ne lui sert qu'à déchirer, se recourbe tellement dans la vieillesse, qu'il atteint, dit-on, presque la circonférence. Son coup de pied est redoutable; il le lance aussi bien en avant que sur les côtés.

Enfin, on a prétendu qu'il n'y avait que le sang chaud de sa victime qui put désaltérer ce royal gosier?... Je puis assurer qu'il boit également l'eau, comme un simple mortel, aussi bien en liberté qu'en captivité.

Quand on est à cheval, il faut descendre à la *Québa-deou-Boucaou*, sous peine de se rompre les jambes dans les affreux rochers de l'*escala-dé-Hecha* (1), ou de dégringoler au *Carasca* (2).

---

(1) Echelle des échelons.
(2) Rude.

A 5ʰ 1/2, nous quittons le bord du gave à la *Costa-deous-Goua* (¹), près de *lou Cépé* (²) où le torrent disparaît dans une caverne pour ressortir plus bas; et nous montons, à l'Est, les gazons rapides de *las-costas-de-l'Alier* (³), en tournant le dos à *Sarrière*.

Il n'y a plus personne dans la cabane de l'*Alier* où j'ai failli être dévoré, un jour que transi de froid, j'étais venu y chercher un abri; oubliant que les puces de la montagne, sont, comme les propriétaires des eaux thermales, obligées de récolter beaucoup en peu de temps.

Helianthemum canum Dun. — *Silene Borderi* Jord.

Laissant sur la gauche le *Turon-blanc* (⁴) pour se rapprocher de l'*Andragas* (⁵), le sentier qui commence à se dessiner, arrive bientôt au passage de la *Portère* (⁶) pour traverser le ruisseau qui descend des lacs de *Louesque* (⁷). Ce passage est très-dangereux pour les bestiaux; il a été récemment réparé avec soin.

Les Lagopèdes viennent souvent ici, et leurs traces

---

(1) Côte du Gué.
(2) Endroit où poussent les champignons.
(3) Côte de l'ardoise.
(4) Tertre blanc.
(5) Entrée des gués.
(6) Entrée.
(7) Fuite.

sont d'autant plus visibles, qu'ils se nourrissent dans ce moment des baies violettes des Junipérus et des Vaccinium.

Les premiers rayons du soleil frappent les pointes de *las-Nieras* ([1]) et des *Pénes-blanques* ([2]), où les bergers vont chercher des pierres pour marquer leurs troupeaux. Au midi, les clochetons de la *Gangue-paillère* ([3]) s'éclairent également au-dessus des gazons de *las Bécottes* ([4]) et de la cabane de *lous Couralotse*, ou *Couralots* ([5]).

Saxifraga stellaris L. — *Arenaria montana* L. — *Epilobium montanum* L. — *Saxifraga ajugæfolia* L. — *Veronica aphylla* L.

Nous cotoyons la *rasure* ([6]) de *Louesque*.

Aronicum doronicum R. — *Carduus carlinoides* Gouan. — *Gnaphalium supinum* L. — *Arenaria alpina* Wild. — *Soldanella alpina* L. — *Primula integrifolia* L. — *Primula viscosa* Will. — *Viola biflora* L.

La *Scaletta* ([7]) que nous gravissons dans les schistes friables, le long d'une cascatelle de 150^m, nous mène au premier lac de *Louesque* (2.272^m) :

---

(1) Les rochers noirs.
(2) Les rochers blancs.
(3) La colline pailleuse.
(4) Crêtes ou aiguilles d'un rocher.
(5) *Couralotse*, où l'ardoise glisse; *Couralots*, petit bercail; l'un et l'autre peuvent se dire de cette cabane.
(6) Plaque de gazon entourée de débris stériles.
(7) Petite échelle.

lou-luot-de-débaitch (¹). Trois juments presque sauvages nous regardent du haut du *Turon-grosse* (²).

On arrive à ce premier lac, par une petite gorge où l'eau s'enfuit en arrosant un épais tapis de *Saxifraga ajugæfolia* L. — *Aronicum scorpioides* DC. — *Arenaria montana* L. Les neiges descendent tout autour, et c'est avec peine que j'en mesure l'enceinte de 300 mètres. Le sol peu perméable, et d'ailleurs, constamment imbibé par les hauteurs environnantes, forme une sorte de marécage.

Euphrasia Soyeri Timb. — *Vaccinium uliginosum* L. — *Jasione humilis* Pers. — *Globularia cordifolia* L. var. B. *nana* Lam. — *Iberis Bernardiana* Godr. Gren. — *Veronica alpina* L.

Toutes les roches sont schisteuses. Le second petit lac est insignifiant; un autre tout glacé et entouré de neiges, apparaît suspendu dans une inflexion de la *Gangue-paillère* comme un saphir dans une coquille de nacre. Le *luot-d'en-haut* (³) est à quelques pas au S O.

Ce troisième lac a la forme d'une poire et 230ᵐ de circonférence. Nous nous y arrêtons à 7ʰ 3/4 pour déjeûner; garantis du vent par un rocher, le dos au soleil, le ventre à table et les pieds sur l'eau, avec la plaine de Louvie dans le lointain pour

---

(1) Le lac d'en bas.
(2) Gros mamelon.
(3) Lac d'en haut.

tableau de salle à manger. Les *Pipits* viennent familièrement voltiger sur nos têtes et becqueter autour de nous, pendant que de nombreux *Hydrophiles orbiculaires* se livrent à leurs exercices de natation, dans les quelques pouces d'eau qui constituent le lac.

Nous repartons à 8 h. 1/2, pour gagner au Sud le col de Louesque. Il serait plus rationnel de monter de suite à l'Est, où, sur le côté droit d'un obélisque qui termine la pointe de *Larue*, on aperçoit un coin d'*eras Taillades*; mais j'ai beau sonder cette muraille avec la lorgnette; elle est dans l'ombre, et la lumière est si vive autour de nous, que ce contraste en rend les détails insaisissables. Les pentes me paraissent excessivement rapides, et je ne vois pas de fissure par laquelle nous puissions franchir cette enceinte.

Je prends les devants avec mon fusil pour arriver le premier, et tâcher de surprendre quelqu'izard au col. Ce sont des endroits qu'ils affectionnent particulièrement, surtout dans ces lieux déserts où les chasseurs viennent bien rarement les troubler. Loin du bruit et des traqueurs qui les harcèlent constamment aux Eaux-Bonnes, ils négligent souvent de placer un des leurs en sentinelle.

La surprise au col, est un plaisir tout différent de celui de l'affut au poste. Chacun a éprouvé ce battement de cœur qui vous *empoigne*, lorsque dans le fond d'un ravin sur le bord d'une clairière, l'on entend le *trottinement* du lièvre, le pas furtif du renard ou du loup, les bonds du chevreuil ou du cerf fauchant les taillis et la trouée du sanglier. Au poste, si vous êtes à découvert, il faut se coller au rocher, faire corps avec lui, immobile comme la mort que vous allez donner; autrement, si loin qu'il soit, l'œil de l'izard saura découvrir le moindre mouvement.

S'ils sont en bande et qu'ils se dirigent *à la passe*, il faut se garantir sous une saillie quelconque; car ces légers animaux envoyent une grêle de pierrailles dont la moindre, lancée à cette distance, peut vous assommer. S'il y a seulement deux ou trois izards, il semble que la montagne descende avec eux. Le plaisir de les voir dégringoler est défendu. L'instinct de la conservation vous tient plié en deux sous votre abri, et lorsque la troupe passe en bondissant; ahuri par le tapage, courbaturé par une fausse position, elle est quelquefois hors d'atteinte avant que vous n'ayez repris votre sang-froid.

Au col, au contraire, vous *buvez* le plaisir..... dix pas avant d'arriver, le corps s'allonge sur la roche comme l'indien ou la panthère à l'affût. Le moindre bruit fait tressaillir. Les oreilles bourdonnent des sons désirés; les hallucinations de l'espoir font miroiter des troupeaux d'izards devant vos yeux.

Mettez chapeau bas au sommet, retenez votre souffle. La tête du serpent rampant sous l'herbe pour fasciner sa proie, ne doit pas être plus silencieuse que la vôtre le long de la roche. Puisse-t-il, alors, vous être donné de voir, à quelques pas, les mystères de ces hôtes des nues!... L'izard surpris ainsi dans l'abandon de la sécurité, le charme de la quiétude, a des mouvements, des grâces sauvages que vous ne retrouverez jamais dans l'animal stupéfié par la terreur sous la foudre que vous lui lancez, ou hébété par la servitude.

Le premier qui vous aperçoit, fait entendre une espèce de sifflement en remuant les nazeaux, et la bande frémissante se précipite dans les abîmes, emportée sur ces pieds dont les sabots spongieux et élastiques savent se tenir sur les pentes, aussi bien que sur les glaciers les plus rapides.

Et dire qu'aucun de nous ne résiste à l'ivresse stupide de tirer sur ces ravissantes créatures!....

(8 h. 3/4.) Du col de *Louesque* (2,553^m) (1), nos regards plongent à des profondeurs immenses dans un vallon aride entouré par les montagnes *d'Arby* (2) et de *Taouseilla* (3).

Les crêtes qui entourent *Louesque*, célèbres (1300 et 1400) par les guerres des pâtres Lavedanais et Béarnais, courent du N E. au S O. Il faut tourner à l'Est pour gagner le pic *d'eras Taillades*. Ce passage est difficile. Au S E. et presque perpendiculairement, un abîme où le regard se perd;

---

(1) *Leucanthemum alpihum.* Lam.
(2) Mont des arbres.
(3) *Haouseilla* hauteur.

sous nos pieds, des schistes en décomposition glissent et menacent de nous entraîner ; enfin autour de nous, de grosses touffes de festuca (1), dont les brins énormes, durcis par la maturité, percent même les gants et mettent nos mains en sang.....
J'hésite.... J'interroge la crête composée de grandes lames pointues qui semblent inabordables, et j'envoie Jean en éclaireur......

Il revient bientôt, déclarant qu'il faut se fier au flanc méridional, c'est-à-dire aux sables schisteux.

Nous déposons notre bagage, les boîtes, les provisions et tout ce qui n'est pas absolument indispensable. Jean et Augustin passent en avant, tenant chacun une de mes filles par la main ; mon fils est à côté de moi. (2). Les guides font des crans avec les talons pour que les pieds puissent se cramponner sur le sable.

Après une demi-heure de marche très-pénible, nous aboutissons à une roche droite, fendue par le milieu et surplombant sur le vide, comme ce que l'on appelle, en terme de maçon, un *corbeau*. Elle paraît d'abord nous interdire le passage ; mais un gros bloc est tombé juste au milieu comme un coin, et, quoiqu'il semble prêt à s'effondrer, on peut s'en servir sûrement pour sauter de l'autre côté de la

---

(1) *Festuca eskia* Ram. Le nom patois est *Arrou*, plante des hauteurs.

(2) *Apollon*, *Lefebvrei*, *Gorgone*.

fissure. Quelques instants après, le chemin devient plus praticable et nous gagnons promptement le point de jonction de la crête d'*eras Taillades* avec les chaînons que nous laissons derrière nous, et qui forment l'enceinte presque quadrangulaire de Louesque qui ne s'ouvre qu'au N O.

Les premiers courent en avant, croyant avoir atteint le sommet ; mais à peine arrivés, ils voient de nouveaux espaces s'ouvrir à l'Est en montant devant eux. Cette croupe, que l'on pourrait appeler la queue d'*eras Taillades*, est en marbre blanc feuilleté. Il n'y a plus d'incertitude pour notre voie ; les flancs du Nord et du Sud sont impraticables ; il faut se tenir constamment au sommet, qui, sur une longueur de cinq ou six kilomètres, jusqu'au faîte du pic, a généralement 1^m dans sa plus grande largeur, et $0,50^c$ dans les endroits les plus étroits. Quant à la profondeur, elle ne peut se mesurer à l'œil, le bord étant trop escarpé pour qu'on s'en approche. Au midi, elle doit être de 250 à 300 mètres ; le Nord est moins bas.

Cette crête est la limite des deux départements, de sorte que, forcément, nous avons le pied gauche dans les Basses-Pyrénées et le pied droit dans les Hautes.

Dans cet âpre plaisir des montagnes, il y a, nous devons l'avouer, outre cette ardente passion de l'inconnu et ce sentiment, si propre à notre nation, de faire partager ce qu'elle éprouve, une autre pensée pleine d'égoïsme : *le bonheur d'avoir vu le premier*......

Si on comprend la joie du savant qui a découvert une fleur, un insecte, un coquillage ; que dire de celui qui a trouvé un pic perché à 2,684^m au-dessus du niveau de l'océan, ou au moins, qui, le premier, lui a passé la main sur la crinière, comme à un coursier sauvage qui ne s'est pas encore laissé monter ?......

Et si j'étais cet heureux mortel ?.... Si personne avant moi n'avait foulé ces roches pelées qui ne connaissent que les izards et les aigles ?.....

Mais qu'est-ce que j'aperçois ?..... (car malgré l'élévation de mes pensées, je ne marchais pas sur cet étroit sentier comme l'astrologue de Lafontaine)...

Un petit papier plié avec soin, dans une fente de rocher.

Je me précipite dessus, sentant instinctivement que c'est une réponse à tous mes points d'interrogation !......

C'était une cigarette !....

Je restai stupéfait.....

La vue d'une voiture de place stationnant là sur le rocher, ne m'aurait pas descendu plus vite du petit autel où mon amour-propre humait l'encens que je lui brûlais. Une cigarette !.... c'est-à-dire la civilisation, la société avec ses usages, l'empreinte des pas sur le sable qui fit tressaillir Robinson.

Nous ne sommes pas les premiers......

On arrive bientôt à une veine d'un grès couleur café au lait et âpre au toucher. Elle est très-étroite, quelques mètres seulement, et sépare le calcaire, des schistes qui montent devant nous à un mamelon que nous croyons encore être le but. Mais il fuit de nouveau, en tournant subitement au N N E. Ce mamelon n'est qu'au niveau du Gabisos.

Il faut continuer notre route en escaladant comme à rebrousse-poil, les schistes, qui sont tous renversés sur nous.

Ranunculus pyrenœus L. — *Dryas octopetala* L. — *Veronica* que M. Timbal-Lagrave croit être le *Saxatilis* Jacq. et qui m'avait semblé le *fruticulosa* L. var. B. *pillosa* Gren. God. — *Arenaria grandiflora* All. — *Arenaria purpurascens* Ram. — *Potentilla nivalis* Lap. — *Geranium cinereum* Cav. — *Salix herbacea* L. — *Artemisia glacialis* L. — *Saxifraga oppositifolia* L.

Des papillons d'un blanc verdâtre, passent rapidement et traversent *impunément* la crête; il ne s'agit pas ici de jouer du filet. Il me semble que ce sont des *Pierris Callidice*.

Les vautours sont venus achever une brebis sur le rocher; on n'aperçoit plus que quelques flocons de laine ensanglantée, au milieu d'une quantité de plumes. Les nombreuses souillures qui bariolent la pierre, indiquent que c'est un de leurs perchoirs favoris.

Cette fois, nous voici enfin à la base d'*eras Taillades*. Il s'agit d'une véritable escalade; nous diminuons encore notre mince bagage, abandonnant jusqu'à nos bâtons. Au reste, il n'y a plus l'ombre de danger; ce n'est qu'une ascension gymnastique à la force des poignets, à travers un dédale d'aiguilles et de lames de schiste se croisant dans tous les sens, en découpant sur l'azur du ciel une sombre silhouette verdâtre, avec des suintements rougeâtres comme des gouttes de sang. On dirait des débris de poutres et de meubles jetés les uns sur les autres dans le désordre d'un incendie.

Nous atteignons le sommet à 11 h. 1/2. On aperçoit parfaitement Pau au N N O. Tarbes semble caché à l'Est par les monts de Lourdes. Nous voyons à l'Est : la vallée d'*Extrême-de-Salles*, le mont *Aigu* (2,344^m), tout à fait à l'horizon *Arbizon* (2,838^m), le pic de *Midi de Bigorre* (2,877^m) et droit au-dessous de lui le pic du *Midi d'Arrens* (2,266^m). Descendant à l'E S E. : *Néouvielle* ou *Aubert* (3,092^m), les pics *Badet* (3,161^m), *Long* (3,194^m) ; au S E. *Campbiel* (3,175^m), *Trumouse* (3,086^m), le *Cylindre* (3,327^m), le *Mont-Perdu* (3,352^m) ; au S S E. le *Vignemale* (3,290^m), *Péterneille* (2,904^m), *Asté* ou *Fachon* (2,367^m), *Berdoulet* (2,577), et dans la direction de ces deux derniers pics, le joli petit lac de *Suyen*, encadré dans une sombre forêt de sapins, d'où sort un filet d'argent qui descend vers Arrens.

Au Sud, le pic *Cristail* (2,892^m), le *Balaïtous* ou *Marmuret* (3,145^m) et *Cujala-Palas* ou *Mourrous*

(2,976^m) dont la moitié appartient au département voisin. Revenant au S O. : *Som-de-Séoube* ou *Arriel* (2,823^m). A l'horizon, des sommets espagnols dont j'ignore le nom ; plus près, les pics de *Sobe* (2,600^m), *Soquès* (2,713^m), *Peyrelu* (2,276^m) et *St-Juan-de-la-Pena*. Au S O., le pic du *Midi d'Ossau* (2,885^m), juste dans la direction de la crête d'eras Taillades ; son petit pic que nous ne voyons pas n'a que 2,784^m ; puis les pics de *Bernère,* des *Moines,* d'*Aspe,* d'*Ayous* (2,312^m), d'*Er* (2,165^m), d'*Aule* (2,410^m), *Gaziès* (2,564^m), *Las Serous et Sesques* (2,500^m), le *Scarput* (2,808^m), *Izeye* (2,390^m), *Amoulat* (2,595^m) à l'Ouest et (2,618^m) à l'Est, Peneméda (2,489^m) ; à l'Ouest le Ger (2,613^m), enfin le petit pic des *Coutchess* (1,769^m), *Esquerra* (2,471^m) et le col de *Tortes* (1,869^m).

On conçoit que dans un panorama aussi vaste, il y a bien plus de pics que je n'en ai nommé ; je n'ai indiqué que ceux qui forment la ligne d'horizon ou qui sont les plus importants.

Au N O., les pentes d'eras Taillades sont presqu'à pic. Nous sommes séparés du Gabisos par deux *taillades*, dont la dernière vient affleurer la ligne que l'on tirerait d'ici.

A l'Est, quatre contre-forts soutiennent la chaîne : les deux premiers sont très-rapides, le troisième s'arrondit un peu, et le quatrième, dont la teinte grise annonce le calcaire, s'allonge jusqu'à un ressaut qui descend sur *Arrens* ; *Argelès* et toute la vallée d'*Azun* fuient à l'Est.

Augustin nous raconte qu'il a, dans cette vallée qui est à nos pieds, des parents fort éloignés, d'origine espagnole, mais portant le même nom que lui.

Cette observation me rappelle que : Lorsque Antonio Perez, le proscrit espagnol dont Philippe II avait mis la tête à prix, vint demander asile à la cour de Catherine de Navarre en 1591, il avait avec lui un ami qui s'appelait Martin *de la Nuça*. « Ce dernier s'établit, dit-on, dans la vallée d'Azun, où sa famille est connue sous le nom de *Lanusse* »[1].

Le sommet du pic est assez vaste. Nous pouvons y tenir à l'aise sur de grandes et épaisses ardoises. Elles s'arrachent facilement à la main, et si l'on voulait se livrer à la destruction, il serait facile en quelques instants de précipiter une portion de cette éminence dans les abîmes qui nous entourent. Nous en faisons rouler quelques débris dans les profondeurs qui s'ouvrent au Sud, où apparaissent des glaçons bleus entourés de grandes neiges. La pente au-dessous étant au moins perpendiculaire, si elle n'est pas en surplomb, les blocs devraient arriver intacts jusqu'en bas ; mais la hauteur est telle, que la résistance de l'air suffit pour les réduire en pièces avant qu'ils n'aient atteint le fond.

Ce sommet n'est pas pelé comme celui du Ger.

---

[1] Le château de Pau, par M. Bascle de Lagrèze, f. 344. 4ᵉ édition

Il y a un certain nombre de fleurs entre les lames schisteuses, et mes enfants jettent un cri de joie en croyant trouver une source sous une plaque qui est, en effet, couverte d'eau ; mais c'est tout simplement une rosée abondante causée par la condensation de la vapeur prisonnière sous ces surfaces polies.

Cerastium alpinum L. var. a. *hirsutum*. — *Veronica fruticulosa* L. var. B. *pillosa* Gren. Godr. — *Geranium cinereum* Cav. — *Draba aizoides* L. var. *nana* ou *ciliaris* DC.—*Linaria alpina* DC. — *Artemisia glacialis* L. — *Leontodon pyrenaicus* Gouan. — *Saxifraga groenlendica* L. — *Androsace villosa* L. en fruit. — *Armeria alpina* Wild.

Je prends sur cette Armeria une *Sesia Anthraciformis*. Boisduval raconte qu'elle a été découverte en Corse sur les feuilles de l'*Euphorbia Myrsinites* L. par M. le docteur Rambur.

Pendant que je dessine les profils de tous les pics qui bornent l'horizon, mes compagnons ne restent pas inactifs ; ils élèvent une tour de deux mètres de haut sur une base d'un mètre 50^c. Une grotte est ménagée dans l'intérieur et doit conserver précieusement nos noms, jusqu'à ce que ceux qui viendront après nous les jettent aux vents. L'homme est toujours ainsi ; il a la fatuité d'élever de grands monuments pour célébrer ses petites actions. Le nôtre, qui porte aujourd'hui à 2,686^m la hauteur de ce pic, sera probablement renversé demain par quelque bourrasque. En attendant, elle va causer un grand émoi parmi les izards dont nous avons envahi les domaines.

Nous avons mis, du col de Louesque jusqu'ici, 2 h. 1/2 ; mais il faut ajouter que nous avons fait cette ascension avec les plus grandes précautions, et par conséquent lentement. Au retour, la confiance que l'on acquiert naturellement par l'exercice et la connaissance des lieux, nous permet de marcher aussi vite que possible sur des crêtes de cette inclinaison. Partis du sommet à 1 h., nous étions au col de Louesque à 2 h. 1/4, et je ne crois pas me tromper en calculant que nous avons fait plus de quatre kilomètres à l'heure.

Je dois dire aussi que quelques nuages d'orage nous servaient de stimulant pour déserter au plus vite ces hauteurs.

Au lieu de revenir jusqu'au col de Louesque, je franchis la crête à l'endroit même où nous avons laissé les provisions et les bagages ; c'est autant d'épargné sur ce mauvais pas. Si je recommençais cette excursion, je chercherais, malgré la difficulté de l'escalade, à me maintenir constamment sur la crête. Je déteste ces marches sur des flancs sablonneux presque perpendiculaires, où l'on ne sait à quoi se retenir pour ne pas être lancé dans l'espace.

Leucanthemum alpinum Lam. — *Saxifraga intricata* Lap. — *Senecio Tournefortii* Lap.

Cette descente aux lacs de Louesque, est à peu près comme si on se laissait glisser sur les toits du château de Pau, avec la *différence essentielle* que nous arrivons comme une flèche, et sans le moindre danger, à une courbe d'autant plus accentuée qu'elle approche du-vallon. Il serait d'ailleurs impossible de marcher à pas comptés sur ces ardoises qui ne tiennent pas au sol et qui dégringollent en même temps que nous.

A 2 h. 35 m., nous arrivons, mourant de faim, de soif et de chaleur, au *luot-de-débatch*.

On s'installe dans la petite gorge dont j'ai parlé en montant, à l'entrée de Louesque. Elle est formée d'un côté, par un gros rocher debout qui a roulé des sommets d'*Esquéran*, et de l'autre, par des bancs de schiste aplatis sur le sol. L'eau du lac s'échappe au milieu, en caressant le gazon tout couvert de fleurs. Chacun s'enveloppe dans son imperméable, tandis que Jean met le couvert et qu'Augustin apporte un énorme disque de neige enfilé dans son bâton.

Nonchalamment couchés sur nos moëlleux tapis, au milieu de ce cirque, nous pouvons nous écrier comme les Romains : *Panem et circenses !*.....

Seulement, les animaux féroces mis en pièces par nos machoires sont d'innocents poulets, et le sang qui coule n'est que celui de la vigne ; après quoi, pour compléter la mise en scène, nous jouons au disque sur les bouteilles vides [1].

---

[1] P. 89 du Guide.

A 3 h. 1/2 on reprend les bâtons et le chemin des Eaux-Bonnes. A la Costa-deous-Goua (¹), nous traversons le Gave des Englas et de Duzious. Puis filant sous *Sarrière*, le *turon-moustachou* (²) et le *turon-de-la-Presse* (³), nous arrivons au *pla-de-débatch*, où le père de Jean est encore avec ses moutons.

Le petit sentier de l'*Arepla* (⁴) débouche bientôt sur le mur de *lou Paradis* (⁵) que l'on a élevé pour empêcher les juments de passer, et franchissant les roches de *lou-Quéouq* (⁶), il se perd au *pla-de-l'Agnière* (⁷) terminé par l'*escala* du même nom.

A 5 h. 10, nous sommes à la Récouéche, et à 6 h. 1/2 aux Eaux-Bonnes.

Cette excursion de 15 h. 1/2, peut se faire à cheval jusqu'à la *Costa-deous-Goua*. J'ajouterai, pour ceux qui aiment les courses nouvelles, que c'est certainement la plus rare que l'on puisse tenter, à moins de coucher dans la montagne.

Sans cette maudite cigarette, j'aurais pris un brevet d'invention.

(1) Côte du gué.
(2) Tertre de l'Alizier.
(3) Tertre du palet.
(4) Double plateau.
(5) Paradis.
(6) Maladie nerveuse des brebis.
(7) Plateau de l'Agnelle.

L'OURS.

Au mois de juillet 1868, Casamayou, propriétaire à Aas, avait son troupeau de vaches entre le *Clot-de-débatche* et le *Clot-de-dessus* de Balour. Se confiant dans la proximité des Eaux-Bonnes (une demi heure), il allait coucher chez lui au lieu de passer la nuit dans la Québe, laissant ainsi ses bêtes, sans pasteur et sans chien.

Le 3 juillet de grand matin, un jeune pâtre descendit de la Québotte d'Anouilhas. Au moment où il débouchait du Clot-de-Dessus, il aperçut, dans la clairière, un ours qui mangeait une génisse de deux ans.

Les autres vaches s'étaient sauvées au milieu de l'obscurité, par la *gorge*, la Passade-nave et Discoos. A la pointe du jour, elles avaient déjà gagné Leye.

Aussitôt que cette nouvelle se répandit aux Eaux-Bonnes, ce fut un émoi général. On organisa une traque, et bientôt nous vîmes passer les hommes et les chasseurs dirigés par Lanusse. On espérait que l'ours dérangé dans son festin n'aurait pas regagné Herrana, sa retraite habituelle, et serait remonté, par le *Pas-de-l'Ours*, dans les bois de Montcouges ou de Louctores.

Ces sortes de traques sont assez dangereuses. Placés dans des mouvements de terrain escarpés, ne connaissant pas ordinairement le pays, les chasseurs peuvent envoyer une balle à leur voisin malgré les meilleures intentions du monde. Je laisse donc passer les plus ardents, et suivi d'une troupe beaucoup plus pacifique (1) qui veut bien se joindre aux miens, nous allons occuper un poste à découvert où nous pourrons jouir, sans péril, des péripéties de la chasse, si chasse il y a.

Tandis que Lanusse dispose les tireurs dans la gorge de Balour, et surtout au *Pas-de-l'Ours* qui

---

(1) Mme de L....., Mlle de la M..... et M. de R.....

conduit à Montcouges ; nous gagnons la prairie, qui, en sortant de l'*Atracao* (¹) mène à Louctores.

Quelques traqueurs nous précèdent avec un chien courant et un chien de montagne. Ils grimpent par le *Pamboula* jusqu'au sommet de Louctores dont ils occupent les crêtes ainsi que celles de Montcouges. Leurs fusils ne sont chargés qu'à poudre.

Aussitôt qu'ils ont gagné, en silence, les postes convenus, la fusillade commence. C'est un spectacle saisissant que ces détonations, entrecoupées de cris sauvages, qui ébranlent les échos de la montagne au milieu de ces solitudes. Les grandes ombres des rochers et de la forêt nous dérobent les hommes; mais leurs appels et le léger nuage blanc qui s'élève des sapins à chaque coup de fusil, nous aident à suivre leur marche. Nous fouillons, avec la lorgnette, les clairières où suinte la lumière, avides d'y découvrir quelque trace...... Si l'ours, refoulé par les tireurs, reculait au passage, il reviendrait sur nous..... je mets discrètement deux balles dans mon fusil.

Mais le cercle des traqueurs se resserre, les chiens ne rencontrent pas, et la gorge de Balour reste muette. Evidemment l'animal n'est pas ici ; s'échappant par la montagne d'*Yspe* (²) où nous sommes

---

(1) Noir ravin.
(2) P. 156. *Yspe* vient de *hys* glisser et *pè* pied : glisse-pied.

descendus dans une de nos excursions, il est dans les bois de Gourzy, si même il n'a regagné le col de Lourdé.

Pour ne pas perdre complètement notre promenade, nous montons à Louctores (2,290^m) par le bois de sapins. (p. 40 du guide). Les deux chiens sont restés avec nous, et fouillent les halliers. Au moment de sortir du bois, l'un d'eux donne de la voix dans un fourré, l'autre rapproche, et ils se mettent tous deux à pousser des hurlements comme si quelqu'animal leur faisait tête. M. de R.... qui est à cinquante pas en avant, se baisse pour regarder, et me fait signe d'avancer au plus vite. Je m'élance sous bois... à la vue des deux chiens qui se précipitent avec fureur et semblent engueuler quelque chose dans un trou, j'avoue naïvement que je crus être plus heureux que les traqueurs... Ce n'était qu'un malheureux hérisson, qui, roulé en boule sous son armure, soutenait stoïquement l'attaque des deux molosses.

Nous continuons donc paisiblement notre ascension jusqu'à la terrasse qui supporte le second plateau de Louctores, où je trouve un gisement considérable d'*Androsace pubescens* DC. var. γ. *hirtella* Dufour. — *Saxifraga aretioides* Lap. — Puis dans l'enceinte du cirque :

Aronicum Doronicum Rchb. — *Pinguicula grandiflora* Lam. — *Alchemilla alpina* L. — *Geum montanum* L. — *Primula integrifolia* L. — *Nigritella angustifolia* Rich. — *Primula* farinosa L. — *Primula intricata* G. G. — *Buplevrum angulosum* L. — *Rhododendron ferrugineum* L. — *Geum rivale* L. — *Valeriana montana* L. — *Phyteuma spicatum* L. — *Pedicularis rostrata* L. — *Parnassia palustris* L. — *Pedicularis tuberosa* L. — *Scilla verna* Huds. — *Alchemilla vulgaris* L. — *Saxifraga longifolia* Lap. — *Saxifraga Aizoon* Jaquin. — *Saxifraga ajugæfolia* L. — *Saxifraga recta* Lap. — *Potentilla alchemilloides* Lap. — *Gypsophila repens* L. — *Dryas octopetala* L. — *Leontopodium alpinum* Cass. — *Arctostaphylos alpina* Spreng. — *Saxifraga cœsia* L. — *Arenaria purpurascens* Ram. — *Arenaria serpyllifolia* L. — *Ranunculus Thora* L.

Lépidoptères : *Erebia Stygne—Syricthus Lavateræ, Triphœna Orbona.—Zygœna Anthyllidis.* (Boisduval).

En redescendant à l'entrée du bois : *Pedicularis foliosa* L. Dans le bois : *Thalictrum majus* Jacq. — *Geranium sylvaticum* L. — *Rosa pyrenaica* Gouan. var. du *Rosa alpina* L. — *Aquilegia pyrenaica* DC.

Lorsque l'on est dans les bois de Louctores, le véritable chemin pour aller à la gorge de Balour, est de passer par Montcouges (1495ᵐ) p. 35 du Guide.

Crepis pigmœa L. — *Soldanella alpina.* — *Viola biflora* L. — *Linaria alpina* DC. — *Primula farinosa* L. — *Primula integrifolia* L. — *Primula intricata* Gren. God. — *Salix pyrenaica* Gouan. — *Ranunculus alpestris* L. — *Arabis alpina* L. — *Campanula glomerata* L. — *Aronicum scorpioides* DC. — *Saxifraga longifolia* Lap. — *Saxifraga aizoides* L. — *Erinus alpinus* L. — *Parnassia palustris* L.

Mais les personnes qui nous accompagnent ne portent pas les costumes qui sont de rigueur pour descendre le *pas-de-l'ours*. Nous faisons donc le tour par l'*Espartille*.

En sortant du *Clot-de-débatche*, nous apercevons à dix pas devant nous, la victime de l'ours couchée dans la fontaine. Le museau, le cœur et les mamelles sont mangés ; la croupe toute sanglante est déchirée, tailladée, le reste paraît intact.

Il était cinq heures du matin lorsque l'on a entendu les vaches en fuite à la *Passade-nave*, par conséquent, c'est quelques instants avant qu'elles ont dû être attaquées.

En suivant les traces de l'ours, il est facile de se rendre compte de la manière dont les choses se sont passées : il est arrivé par la montagne d'Yspe, où nous venons d'aller reconnaître son train. En glissant sur une couche de feuilles, ses griffes et ses quatre pieds se sont imprimés sur la terre humide qui en a moulé les formes en s'enfonçant sous son poids. Il mesure près d'un mètre entre chaque patte, et on distingue parfaitement ses cinq doigts armés d'ongles crochus. Parvenu au-dessus de la clairière où étaient les vaches, il s'est glissé dans les buis le long d'une caverne remplie de feuilles. De là, il descend sur le gazon avec précaution ; sa trace légère ne porte que l'empreinte de l'extrémité des griffes ; puis franchissant le petit ravin de la fontaine, il est remonté jusqu'au bas de l'*Escalade-l'Artigue* où il a surpris les bêtes qui y étaient couchées.

La première lutte a eu lieu sur un espace restreint et profondément labouré. La génisse a tourné sur elle-même pour se défendre ; mais dans les glissades qu'elle a faites, c'est toujours le train de derrière qui s'enfonce le plus, ce qui prouverait que c'est par la croupe qu'elle a été saisie, comme cela a lieu ordinairement. Elle n'est pas tombée, nous le verrions sur la terre humide ; mais fatiguée par le combat, elle a dû céder par épuisement, ou affolée de terreur ; et alors l'ours, debout, peut-être même accroupi sur elle ; car ses talons ne suivent pas constamment ceux de la vache ; l'a poussée jusqu'en bas du ravin, au-dessus de la fontaine où elle est tombée la tête la première en trébuchant par dessus le rocher.

J'eus de suite la pensée de venir me mettre à l'affût à la pointe du jour, non pas pour l'ours, qui, après le tapage de la journée, ne serait pas tenté de reparaître, mais pour tirer les vautours qui ne devaient pas manquer une si belle occasion de se gorger de viande fraiche.

Rien n'était plus facile que de les approcher sans être vu ; le *Clot-de-débatche* n'est pas à vingt mètres de la fontaine où gisait la génisse. Mais Lanusse m'en détourna, en m'assurant que l'espace était trop resserré pour que de grands oiseaux voulussent s'y risquer.

J'eus tort de me rendre à cette observation ; car étant revenu le lendemain après déjeuner, nous ne trouvâmes que les os les plus récalcitrants. La peau elle-même y avait passé, et tout autour, sur une circonférence de plus de cinquante mètres, on ne voyait que des plumes de vautour. Ils avaient dû se battre avec fureur; le sol était jonché des petites aussi bien que des grandes pennes des ailes. Quant au duvet, nous pûmes en remplir une de nos poches.

Les ours viennent quelquefois encore plus près des Eaux-Bonnes. Il en est descendu un par cette raie blanche que vous voyez au-desus de la cabane du tir Guichon, (1) à l'entrée de la Coume; on dirait la cascatelle d'un ruisseau tombant du Gourzy. Il a été tué à l'*Espartille* par M. le curé Cambus. On nomme *Espartille*, la faille qui sépare Gourzy de Montcouges et forme la gorge de Balour. M. le curé était posté à l'entrée, en face de la pierre bigarade.

Vous pouvez voir ces différents endroits du premier tournant de la promenade de l'Impératrice. Le côté gauche s'élève en plateaux inclinés au Nord et encadrés par des groupes de sapins. Le dernier de ces plateaux où végètent quelques pins *uncinata* Ram., est *lou-Casaous*, le *jardin* innaccessible des izards. Ces ombres bleues qui sont au-dessous, et qui rejoignent, par une ligne de gazon presqu'imperceptible, les premiers arbres qui montent du fond de l'Espartille, cachent le *pas-de-l'ours*. C'est le chemin ordinaire de ces messieurs lorsqu'ils vont en

---

(1) Le successeur de Labeille.

partie fine dans la Coumè. Ce passage est difficile, cependant, avec une bonne tête et de l'adresse, on peut s'en tirer.

L'ours des Pyrénées est le plus petit de l'espèce, dit-on ; cependant, *Dominique* dont je parlerai tout à l'heure mesurait $2^m 10^c$ de tête à queue et $1^m 10^c$ de haut. Les jeunes pousses, les fruits, certaines racines succulentes, les glands, les faines et surtout le *Bunium alpinum* W. Kit., sont sa nourriture habituelle. Il ne mange la chair des animaux, que par nécessité, pour subvenir à l'éducation de ses enfants, sous l'empire de certaines excitations, et dans le cas de légitime défense. Ces motifs sont infiniment respectables sans doute ; mais la liste en est longue, et il faut y ajouter cette observation : qu'une fois qu'il a goûté des plaisirs de la chair, il retombe souvent dans son péché mignon.

Au reste, il fait les choses sans emportement, délicat et finaud, gourmet mais non gourmand, il connaît parfaitement les bons morceaux.

Malgré sa force et sa bravoure qui sont aussi incontestables l'une que l'autre, c'est l'animal le plus prudent et le plus méfiant de la création. Le seul appas qui puisse l'attirer au piége, est le miel qu'il aime, on peut le dire avec fureur.

L'un d'eux passait souvent sur le pont du *Gouas* (1),

---

(1) Guide, p. 135, l. 21.

à Herrana ; comme ce pont est un simple tronc de sapin, on y tendit un piège, et la neige, se mettant de la partie, couvrit l'engin perfide d'une couche de 20 centimètres. Un homme, même, s'y serait laissé prendre ; mais l'ours, engagé sur l'étroite passerelle, éventa le traquenard. Il pouvait aisément sauter par dessus. ... Monsieur *La-prudence* préféra se jeter à l'eau, au risque d'attraper un rhume de cerveau.

Son odorat est très-fin et ses narines qui sont fort larges ont une faculté particulière de mobilité. Quand il est inquiet, il s'assoie sur ses jambes de derrière, tenant le corps droit et les pattes de devant dans l'attitude que chacun lui connait ; il écoute le nez au vent, et détale aussitôt que son instinct lui a révélé le danger. Sa conformation peu favorable à la course, qui pour lui est une sorte de bond *un peu de travers*, comme beaucoup de chiens quand ils trottent, lui permet de grimper facilement sur les arbres. Il n'attaque pas l'homme, même quand il est blessé, *pourvu que vous l'ayez tiré de haut en bas*; mais s'il a été frappé de *bas en haut*, ou que son adversaire soit sur son chemin, il accepte résolument le combat et vient à lui debout pour le broyer dans ses bras.

Plus téméraires en juin et juillet époque à laquelle ils se réunissent, ils s'approchent quelquefois jusqu'autour des Eaux-Bonnes. Au bout de sept mois, ils mettent bas deux ou trois petits. Ces animaux n'ont pas diminué, et cependant, il est rare de réussir dans les traques que l'on organise pendant la saison des eaux. Quelque fois aussi, la chance tombe sur un chasseur qui a plus de bonne volonté que de sang-froid ; alors c'est peine perdue.

Dans une traque qui fut faite à Herrana, l'ours mis sur pied par une chienne très-ardente qui le serrait de près, descendit vers la grange de Hourque, et vint passer à dix pas d'un chasseur qui s'abrita précipitamment contre un sapin, et le laissa s'éloigner sans commettre l'inconvenance de le tirer par derrière. Un chien de montagne ayant aboyé dans le bas, maître Martin reprit son contre-pied et se présenta une seconde fois à la même portée. Nouvelle évolution du chasseur, qui, pour le coup, se hâta de déserter un poste si privilégié.

D'autrefois, l'émotion ne vous empêche pas de tirer ; mais elle vous engage à viser à côté.....

Il y a deux ans, en marquant des arbres à Gabas, les gardes virent un jeune ourson sur un sapin ; l'un d'eux y grimpe hardiment avec sa cognée, et le poursuit si bien de branche en branche qu'il finit par le frapper sur le cou ; l'animal, perdant la tête, se laisse tomber jusqu'en bas, reçoit à bout portant deux coups de fusil qui le manquent, et se sauve au milieu de dix hommes rangés autour de l'arbre pour l'assommer avec leurs *bourdons* (1).

(1) Bâtons de montagne.

J'ai dit que l'ours n'attaquait pas l'homme..... C'est vrai! mais il ne faut pas non plus aller lui marcher sur les pattes, ou l'insulter dans son propre logis.

Le 28 décembre 1818, Berger, de Laruns, qui avait précédemment découvert la retraite d'un de ces animaux, partit avec quelques amis. Le boucher de la localité les conduisit dans sa voiture jusqu'à moitié chemin des Eaux-Chaudes à Gabas. En face de la scierie, ils se dirigent à l'Ouest, et après avoir passé le pont de *Mijabat* (1), gravissent *Bitet* par la droite, jusqu'à un précipice qui regarde le Sud; sa pente nue est si rapide, que si vous y jettez une pierre, elle roulera sans s'arrêter pendant un kilomètre.

Berger place ses camarades sur la terrasse qui domine le précipice. Quant à lui, il descend vingt mètres plus bas, vers ce trou ouvert au midi, appuie son fusil contre un rocher pour être plus libre de ses mouvements, et reconnaissant, aux empreintes fraîches qui sont sur la neige, que celui qu'il cherche doit être dans la caverne, il avance avec précaution pour s'en assurer, et le faire sortir s'il y est ; recommandant à ceux qui sont en embuscade, de se tenir prêts à tirer au premier signal.

L'ouverture n'a pas plus de 80 centimètres; mais l'intérieur va en s'élargissant. En se baissant pour

---

(1) *Mieye* milieu et *bat* côte ou pente : pont du milieu.

regarder, il intercepte naturellement la lumière, et avant que ses yeux aient pu s'habituer à l'obscurité, il entend un grognement terrible; l'ours se précipite sur lui.

— Tirez, crie-t-il, en se sauvant!..... mais on ne l'a pas entendu, ou l'on craint de tuer l'homme en tirant sur la bête; en effet, ils se suivent de si près que Berger a à peine le temps de saisir son fusil et de se retourner. L'animal furieux est déjà sur lui, et malgré les deux balles qu'il reçoit dans l'épaule, tellement à bout portant que le feu prend aux poils, il terrasse le malheureux d'un coup de griffe qui lui ouvre la cuisse jusqu'à l'os; d'un second coup il lui fend le front, engueule son coude gauche, et cherche à l'étouffer dans ses pattes en culbutant dans le précipice. Ils roulent ainsi pendant cinquante mètres environ, jusqu'à un petit rebord qui leur imprime une secousse, et où l'ours, déjà mort, lâche sa proie qui y reste accrochée comme par miracle, tandis que lui glissant jusqu'au fond, va s'abîmer dans les profondeurs de *Bitet*.

....

Il y a des êtres qui ont vraiment l'âme chevillée dans le corps; Berger n'était pas mort!.... Et cependant, outre les affreuses blessures qu'il avait reçues, son corps s'était à moitié broyé en tombant. On le rapporta dans la voiture du boucher, couché côte à côte avec l'ours. Après avoir passé six mois au coin du feu, avec le cotillon de sa femme pour tout vêtement parce qu'il ne pouvait ni se coucher, ni s'habiller ; *il reprit son fusil.*

— Eh bien ! mon pauvre Berger, lui disait un jour M. de R..., vous avez passé là un mauvais moment, quand vous rouliez bec à bec avec ce coquin d'ours?»

— Ah ! je crois bien, monsieur, répondit-il, le gredin puait de la bouche que c'était une infection...

Voilà ce qui l'avait le plus frappé dans ce moment terrible !....

Et cet homme retourna à la chasse, malgré ses blessures qui le faisaient boiter. Seulement il frémissait involontairement, lorsque ses camarades, sans écouter ses supplications, allaient regarder dans le trou de Bitet.

L'ours a des parfums pour corriger cette mauvaise haleine dont se plaignait Berger..... D'abord, il apprécie les fraises, les framboises et les groseilles aussi bien que nous ; ensuite, il a une autre friandise dont tout le monde n'a peut-être pas goûté?.... Ce sont les fourmis.

L'*acide formique* qu'elles répandent n'est pas désagréable quand on le prend en petite quantité ; il a le goût de l'angélique. J'avoue avoir mis quelquefois deux ou trois de ces petites travailleuses sur ma langue pour me désaltérer, lorsque, chassant la grande bête dans les forêts du centre de la France, je n'avais pas à ma disposition les eaux limpides de la montagne.

Je me souviens, à cette occasion, d'un de mes

amis qui s'amusait à troubler une fourmillère en y soufflant la fumée de sa pipe. Les pauvres bêtes se mettaient dans une agitation extrême, faisant les plus drôles de contorsions à chaque bouffée. Le fumeur trouva cet exercice si amusant, qu'il s'approcha davantage pour envelopper toute la fourmillère dans un même nuage; mais aussitôt, il se renverse en criant et portant la main à sa figure..... Les fourmis lui avaient, comme la grenouille rousse, lancé leur acide à la face.

L'ours a l'épiderme moins susceptible; il gratte à pleines griffes dans le palais de ces pauvres ouvrières, et quand elles sont bien en révolution, il y fourre la langue et la retire à mesure qu'elle en est chargée. Il en détruit ainsi des quantités considérables; mais son estomac ne les digère pas tout à fait. Lorsque ses *laissées* sont fraîches, il est difficile de reconnaître les corps des fourmis dans ce boudin comprimé; mais si la rosée ou la pluie a passé dessus, touts ces petits corselets élastics reprennent leurs formes; il n'y a que l'intérieur qui ait été absorbé.

Quand un ours *en vaut la peine*, s'il y a sur son compte une histoire extraordinaire, ou si son dossier est chargé de quelque grand méfait, les montagnards le baptisent, et il défraie les veillées du village ou les nuits enfumées de la *Québa*.

Traversant, un jour, le *pla-de-Bious*, deux chasseurs virent un train d'ours qui mesurait 23 centimètres.

— Celui-là sera *Dominique*, s'écria M. de Bray (¹), et c'est moi qui le tuerai.

— Ma foi, Monsieur, interrompit Loustau, (²) chasseur de Bielle, je le retiens aussi.

On se sépara dans ces bonnes dispositions.

Dominique ne se prodiguait pas, il venait régulièrement deux fois par an, pas davantage, dans la circonscription de Loustau qui depuis 1834 était garde des montagnes qui dépendent de Bielle. Cette surveillance dura quatre ans, sans que l'incorruptible employé pût lui déclarer procès-verbal.

On va à l'affut le soir depuis quatre heures jusqu'à la nuit, et le matin depuis la pointe du jour jusqu'à six heures. L'ours est-il moins défiant lorsque la montagne est encore pleine des bruits du jour, on ne saurait trop le dire ; mais j'ai remarqué que les affûts du soir étaient les plus chanceux.

Un soir de 1844, Loustau était en embuscade aux *Calongues-d'Ayous* (³), au N E. de *Bious* où nous avons vu des traces magnifiques, le 31 août dernier. Le soleil venait de se coucher et on commençait à ne

---

(1) M. de Bray était payeur à Pau où il a laissé les plus honorables souvenirs.

(2) En Béarn, chaque propriétaire a son *chasseur* ; ces hommes remplissent à peu près les mêmes fonctions que nos gardes. Loustau était chasseur de M. de Laborde.

(3) *Caü longues* longs vallons.

plus bien distinguer les objets. N'espérant rien de sa soirée, il s'en allait, lorsqu'en traversant une clairière il aperçut Dominique qui broutait paisiblement des chardons (¹). Aussitôt il jette à terre son *mantoulet* et sa carnassière pour que rien ne le gêne, et se blottit derrière un rocher. « Dominique était loin..... 55 mètres au moins. Il viendra peut-être plus près..... attendons!.... mais comme s'il se fut f..... de moi, dit Loustau, il me tournait toujours le derrière. La nuit venait, non pas Dominique. Bah! ... j'ai bien mis dans la cible plus loin que ça, je me dis, et appuyant mon fusil sur un rocher, je l'ajuste avec soin... pan !.... tout de suite je me lève pour regarder par dessus la fumée de mon coup, si je l'avais touché..... Il me voit en même temps; mais *il ne dit rien....* »

« Je l'ai donc manqué? car toutes les fois qu'un ours reçoit une balle, il pousse *deux grugnements.* »

« Pas moins, il vient droit sur moi; en effet, ma

(1) Ce que Loustau appelle chardon est le *Bunium alpinum* Waldst. Cette ombellifère dont la fleur blanche porte 3-7 rayons égaux, a une tige décombante et amincie à la base. La souche est bulbiforme, d'abord globuleuse, puis *gibbeuse* et *irrégulière.* C'est ce qui la distingue du *Bunium Bulbocastanum* L. que l'on mange dans la plaine. Crué, cette noisette, comme l'appellent les montagnards, est un peu acre; elle perd ce défaut à la cuisson. Le *Bunium* vient surtout dans les endroits où le séjour des troupeaux a accumulé le fumier de brebis, autour des plus hauts Cujalas de la montagne par exemple; l'ours en est si friand qu'il vient le déterrer jusque là. Pour l'arracher de terre où il s'enfonce de 10 à 15 centimètres, il laboure si bien les prairies avec ses griffes, que l'on dirait qu'un troupeau de cochons a passé par là.

balle était entrée à droite, l'avait traversé tout entier, et était restée dans la peau de l'autre côté. Il s'arrête à douze pas, se met debout et fait deux ou trois tours sur lui-même, en étendant les bras ; je ne tirai pas, il était énorme, je voulais l'avoir plus près..... tout d'un coup, il retombe sur ses pattes et se sauve du côté du bois. Je me mets à courir pour le rattraper, et je n'eus pas fait cent pas au travers des buissons, qu'il vint passer tout doucement sous moi ; cette fois, je lui campe ma seconde balle à l'épaule.... Il ne dit non plus rien, et sans me regarder, il va se dresser contre un hêtre et appuyer sa tête sur ses deux pattes. »

« Je me méfiais toujours, et ayant vite rechargé, je lui coulai une troisième balle dans l'oreille..... c'était du plomb perdu, il était déjà mort. Je voulus lui tirer le poil pour le soulever ; mais pas possible... »
— L'es bien gros que je lui dis ? »....

En effet, il pesait sept quintaux (¹) et le lendemain, huit hommes eurent de la peine à le descendre à Gabas. Ainsi que je l'ai déjà dit : il mesurait 2^m 10^c de la tête à la queue, et avait 1^m 10^c de haut au milieu des reins.

Loustau était tellement surexcité qu'il ne pensa pas à remarquer l'arbre contre lequel l'ours était appuyé. Après avoir ramassé son *mantoulet*, il songea à réparer cet oubli, se perdit dans l'obscurité et ne retrouvant pas l'arbre, s'imagina que l'animal

(1) 350 kilos ou 700 livres.

n'était pas mort. Il le voyait dans chaque buisson, chaque rocher, et l'impossibilité de soutenir une lutte si elle se présentait dans un pareil moment, lui inspira une terreur si profonde, qu'il en fut malade pendant plusieurs jours.

Quant à Dominique, il l'attacha debout dans un tombereau, lui mit un tricorne sur la tête, un sac de soldat sur le dos, et le conduisit ainsi à Pau pour toucher la prime.

On voit quelquefois à la chasse des coups bien singuliers. Traversant un soir une pente de neige très-rapide, aux environs du pic de midi, Loustau aperçoit un ours *au-dessus de lui*. Sans tenir compte du danger auquel il s'expose en le tirant dans cette position ; il lui envoie une balle. L'animal se précipite sur lui avec une telle fureur, qu'il franchit sur cette pente presqu'à pic, plus de six mètres à chaque saut. C'est ce qui sauve le chasseur ; s'étant effacé au moment où il passe comme une bombe, il ne reçoit qu'un coup de griffe dans son pantalon. Sans se déconcerter, il le tire par derrière, pour ainsi dire au vol, et l'envoie rouler au fond du ravin. Lorsqu'il descendit le ramasser, il ne put trouver que le trou de la première balle ; elle avait traversé la poitrine. Plus tard, en le dépouillant, à Gabas, il aperçut le second projectile : entré juste *par dessous la queue*, il était allé briser la colonne vertébrale entre les deux épaules, sans ressortir du corps.

C'est dans ces mêmes parages qu'eut lieu le fameux coup double auquel Loustau dut sa réputation. Le journal des chasseurs en a donné un récit si inexact, que l'on m'excusera de le rectifier.

Une grande ourse jetait depuis quelque temps la désolation dans les environs. On l'avait surnommée *Gaspard*. Le 5 juin 1850, Loustau, parti à 2 heures du matin des cabanes de *Bious-Artigue*, se trouvait à la pointe du jour sur les hauteurs de *Maignabaïch*, lorsqu'il aperçut deux ours qui jouaient dans le *Bigné*(1). Ce ravin, que l'on peut voir des maisons de Gabas, à un kilomètre, est impraticable par en haut et par en bas. On ne peut y arriver, qu'en suivant un étroit passage qui domine le plateau de quelques mètres où étaient les deux ours. Loustau descend en courant, quitte ses sabots pour traverser sans bruit le cours d'eau qui barre le Bigné, et se glisse entre les rochers. Un ourson de 7 mois, pesant à peine 60 kilos, était à découvert à quarante pas, il l'étend raide mort de son premier coup. Mais au moment où il se découvre pour aller le ramasser, madame *Gaspard*, car c'était elle, apparaît furieuse derrière le rocher et s'élance sur lui…. Il lui fracasse l'épaule à six pas et la jette à la renverse.

En roulant sur la pente, la pauvre mère saisit

---

(1) Bigne : mot celte qui veut dire hauteur.

son petit dans ses pattes et lui ouvre le crâne d'un coup de dent, comme si elle n'eût pas voulu l'abandonner vivant à son ennemi. Ainsi entrelacés, ils se heurtent contre un sapin qui a poussé au milieu du couloir, et le corps de l'ourson reste accroché dans les branches pendant que la mère n'ayant plus la force de se cramponer, est entraînée dans le précipice. Toutefois, elle n'était pas morte, et ce n'est que quinze jours après, qu'elle fut retrouvée, en putréfaction, au fond du Gave de Gabas.

Ces chasses à l'ours n'ont, par elles-mêmes, rien de plus dangereux qu'un hallali au cerf ou au sanglier ; mais ce qui explique l'intérêt qui s'y rattache : c'est qu'ici l'homme est seul, sans cheval pour prendre la fuite, sans chien pour le défendre, souvent loin d'un camarade qui puisse venir à son secours, et sur un sol si accidenté, qu'un faux pas peut être aussi mortel que l'étreinte de l'animal. Loustau a 74 ans, et n'a tué que dix-huit ours, tandis que *Cordet*, d'Assouste, a atteint le chiffre fabuleux de cinquante-cinq. Il avoue sans forfanterie qu'il ne s'est cru tout à fait perdu qu'une seule fois...

La traque est une chose difficile et très-dispendieuse. M. de R..... me disait qu'un seul déplacement qu'il fit avec M. de Bray lui coûta 400 fr. *pour sa part*. M. du Martray, dans une chasse au Vignemale(¹), a dépensé jusqu'à 1,800 fr. C'est qu'aux

---

(1) *Vigne male* hauteur mauvaise.

traqueurs qui se font payer en raison des fatigues et des dangers, l'on doit ajouter encore les fournisseurs, les vivres, le vin, les chevaux, etc.

Dans la forêt d'Herrana, par exemple (¹), il faut quinze traqueurs et il y a huit ou neuf postes à garder. A Lurieu (p. 145 du guide), près du lac d'Artouste, il suffit de deux traqueurs et de deux chasseurs. Un jour, Loustau y était avec M. de Bray. Contre ses habitudes, l'ours, passant entre les deux postes, allait surprendre M. de Bray par derrière, quand Loustau s'élance pour l'avertir. Au moment d'arriver, l'animal paraît à quelques pas *au-dessus*; son premier mouvement est de le tirer. Quoique traversé par la balle, l'ours se précipite sur lui en poussant deux grognements; trop près pour redoubler, Loustau veut reculer afin de l'ajuster; mais, pris entre deux rochers, la crosse de son fusil heurte une pierre et le doigt sur la gâchette fait partir le coup en l'air. Se voyant perdu, il pousse des cris de terreur, saisit son canon à deux mains, bourre l'animal pour prendre champ et tâcher de le frapper à la tête. Au bruit de la fusillade et des hurlements de Loustau, M. de Bray est accouru; l'ours est à bout portant, et rien n'est plus facile que de lui faire sauter la cervelle; mais dans ces moments-là on ne pense pas à tout; sans prendre le temps

(1) Voir le Guide p. 135 et suivantes.

d'épauler, il lui lache ses deux coups de fusil, l'un dans le ventre, l'autre dans la cuisse. Celui-ci, furieux, se retourne alors contre son nouvel adversaire, et c'est au tour de Loustau de venir à l'aide de son camarade. Il dégaine un grand coutelas qu'il portait à la ceinture et va frapper, lorsque l'animal, épuisé et ne pouvant atteindre M. de Bray qui s'est caché derrière un rocher, prend la fuite. Il courut encore deux cents mètres avant de tomber mort. Je ne sais ce qui arriva à M. de Bray; mais Loustau, qui n'avait «*mangé que de l'eau*» (1) depuis la veille, fut sur le point de s'évanouir.

On fit, séance tenante, l'autopsie de l'animal. La balle du fusil à piston du montagnard, entrée par la poitrine, était sortie par le dos. Les deux balles du fusil Lefaucheux de M. de Bray, n'avaient fait que percer la peau; et cependant, quelques jours avant, le même fusil avait traversé douze planches de chêne chez M. de Laborde. Mais depuis, on avait eu l'imprudence de laisser les cartouches à l'humidité.

« Vous voyez à quoi tient la vie d'un homme, lui dit Loustau, si j'avais eu des munitions comme

---

(1) Cette expression paraît singulière?... Elle est cependant aussi vraie que pittoresque; les eaux de la montagne sont si toniques que j'ai marché quelquefois douze heures de suite sans *manger* autre chose. Mais il faut dire aussi : qu'il arrive un instant où elles perdent leur vertu.... dans le vide qu'elles ont creusé. Alors, c'est un gouffre à combler.

les vôtres, *Adichat* le chasseur !...... (¹) » Puis, fou de joie après avoir échappé à un si grand danger, il tirait les poils de l'ours et lui caressait les pattes en lui parlant.

Dans ces occasions, M. de Bray n'était pas plus maître de lui. Un jour qu'il avait tué un ours à *Bitet*, n'ayant personne là pour épancher son bonheur, *il se prit lui-même par la main*, se mit à danser en chantant, puis plongeant les bras dans le sang, s'en couvrit la figure et les vêtements. Ce fut un cri d'épouvante quand ses camarades accourus au coup de fusil, le virent dans cet état.

— Ce n'est rien, dit-il, je viens de tuer un izard à bout portant, et le sang m'a éclaboussé. »

Loustau lui prit la tête entre ses mains, et la flairant, s'écria : « Vous mentez, c'est du sang d'ours..... vous l'avez tué ! »

On peut voir, chez M. Cogombles, à Bielle, et même chez M. le curé, la peau de plusieurs des ours dont je viens de parler ; je crois que Dominique a eu les honneurs de la capitale.

---

(1) *Adichat!..* salut Béarnais qui veut dire aussi bien bonjour que bonsoir.

ENTOMOLOGIE.

C'est à M. de Rippert que je dois le peu que je sais en entomologie. J'ai eu sa bibliothèque et ses souvenirs à ma disposition, et je ne saurais trop lui témoigner ma reconnaissance de l'obligeance parfaite avec laquelle il m'a laissé fouiller dans sa belle collection. Elle est d'autant plus précieuse, que la plupart des individus qui la composent ont été obtenus *ex-larva*. Ce serait un travail colossal que de raconter ses explorations dans les Pyrénées : Digne, Grenoble, les Alpes, la Suisse et les versants italiens d'où il a rapporté plus de dix mille échantillons. Nous lui devons :

Erebia Lefebvrei, (Pyrénées).

Satyre Cléanthe,	(Basses-Alpes).
Diosia Auricilialis,	(Provence et Dauphiné).
Larentia Molluginata,	(Hautes-Alpes).
Catocala Optata,	(Loir-et-Cher).
Gnophos Sérotinaria,	(Basses-Alpes).
Leucania Duponchelii, etc.	

Quelques-uns portent son nom :

Emydia Rippertii,	(Basses-Pyrénées).
Argus Rippertii,	(Digne).
Phasiane Rippertaria,	(Digne).
Tinea Rippertii,	(Barcelonnette).
Eubolia Rippertaria,	(Digne).

Etc., etc.

Quelle gloire charmante que de faire passer son nom à la postérité sur le livre d'or de ces jolis insectes, qui, nés dans un rayon de soleil, s'endorment, énivrés du parfum des fleurs, pour renaître chaque année ! Fidèles dans leurs amours, malgré leur mauvaise réputation, ils n'oublient jamais la plante qui doit les nourrir, lorsque les chaudes haleines des beaux jours ont fait éclore leurs œufs.

La fourmi prévoyante, amasse pour les mauvais jours et n'a qu'un seul vêtement; ces petits prodigues dépensent tout en parures. Honteux d'avoir rampé sous leurs habits de velours, ils se condamnent au jeune et à la retraite pour se métamorphoser dans leur chrysalide, où cachant les secrets de leur art, nouveaux Prométhées, ils semblent dérober le feu du ciel pour colorer les écailles de leurs ailes.

Symbole des plaisirs dont ils sont la riante image, ils tombent en poussière sous le doigt qui les touche. Malgré cette fragilité, ils représentent souvent un capital considérable. En Espagne, le général Dejean a payé 1,500 fr. la *Chelonia Flavia* que l'on n'avait encore trouvée qu'en Sybérie. On voit que cette innocente passion de l'entomologie finit par devenir très-couteuse si on n'administre pas avec intelligence et économie. Les voyages et les excursions ne se font ni sans peine, ni sans beaucoup d'argent; il faut donc savoir conserver ses collections. M. de Rippert, qui, après quarante ans, peut montrer la sienne dans un état d'aussi parfait *intactum* que si elle était d'hier, frotte ses boîtes avec du blanc d'Espagne, en étend délicatement la poudre avec le bout du doigt, et pique ses papillons ou ses insectes sur cet enduit.

Nos Pyrénées sont pauvres en lépidoptères, les Alpes sont infiniment plus riches. Il n'y a que les bords du lac d'Estoum et le pic de la Piquette (1), qui, vers le 15 juillet, puissent rivaliser avec elles. Montpellier est peut-être la ville de France où se fait le plus grand commerce de lépidoptères; mais le moyen le moins dispendieux de se créer une collection, est de procéder par échange. Les plus beaux sujets s'obtiennent *ex-larva*; c'est-à-dire en élevant les chenilles. N'en mettez qu'une dans chaque boîte,

---

(1) Le lac d'Estoum et le pic de la Piquette sont situés dans les Hautes-Pyrénées.

et visitez les deux fois par jour au moment de l'éclosion, le matin à 7 heures et le soir à 3 heures; la nature qui a besoin de la chaleur du jour pour sécher leurs ailes, est d'une exactitude mathématique.

C'est dans Boisduval que j'ai pris mes noms. Le dernier *index methodicus* dont je me suis servi remonte à 1840, la science a marché depuis cette époque. On a trouvé de nouvelles espèces; mais je doute qu'on ait rien fait de plus consciencieux et avec cet entrain qui plait tant dans les études de la nature. J'ai parlé de conscience? Il ne vendait pas une livraison sans l'avoir repassée; et c'est sous ses yeux que chaque papillon était peint. Pour moi, j'avoue que j'aime autant une planche de Boisduval que les lépidoptères en nature. C'est aussi beau, je n'ai rien à démêler avec les *mites* et ma collection tient dans mon album.

Si vous peignez, faites votre collection vous-même; ce n'est pas plus long que d'étendre ses papillons et d'entretenir les boîtes. On ne fait pas toujours des chefs-d'œuvres; mais la vie est assez féconde en désespoirs, pour que l'on soit heureux d'éviter les très-sérieux que peuvent causer le bris d'une patte de papillon ou la dent du plus petit rongeur de la création.

Voici une liste que M. de Rippert m'a aidé à composer; elle contient les lépidoptères les plus spéciaux aux Pyrénées; quelques-uns même ne se trouvent pas ailleurs.

LEGIO PRIMA.

RHOPALOCERA.

PAPILIO. — Podalirius (flambé). Montagne verte, second plateau de Gourzy. Mai, juillet.
— Podalirius var. Feisthamelii. Montagne verte, second plateau de Gourzy.
— Machaon. Eaux-Bonnes, montagne verte, second plateau de Gourzy, Eaux-Chaudes. Mai, juillet.

THAIS. — Rumina var. Medesicaste. Hautes-Pyrénées, Barèges. Mai. ([1])

PARNASSIUS. — Apollo. Gros-hêtre, Balour, Col de Tortes, Englas, Anouilhas, Eaux-Chaudes, Bious-Artigue, la Récouéche, dans les orties, autour des cabanes de bergers, col d'Arrious p. 123 du Guide. Juillet.
— Apollon var. *Alis obscurioribus*. Mêmes localités que le précédent.
— Mnemosyne. Mêmes localités que le précédent, et surtout au Turon-deous-

---

(1) Hist. Nat^e des Lépidoptères. Godart. 2e partie. Chez Crevot, 1822. F^o 31.

Sarcia, près de la Récouéche, sud du pic de Midi. Juin.

PIERIS. — Napi var. Bryonioe. Perannat.
— Callidice. Césy, Taillades, pic d'Aule. Juillet.

ANTHOCHARIS. — Simplonia. Juillet.

RHODOCERA. — Rhamni var. Cleopatra. La Romiga, pic d'Aule, Gazies, Pau, jardin de M. de Rippert. Tout l'été.

COLIAS. — Paloeno. Pic d'Aule. Juillet.
— Phicomone. Pic d'Aule. Juillet, août.

POLYOMMATUS. — Virgaureoe. Eaux-Chaudes, Gabas, Cauterets. Juillet.
Eurydice. La Romiga. Juillet.

LYCOENA. — Orbitulus var. Pyrenaica. Anouilhas, pic du Midi, Bious, Bious-Artigue, Col-des-Moines. Juillet. Spéc. aux P.
— Icarius. Route des Eaux-Bonnes aux Eaux-Chaudes. Juillet.
— Dorylas. St-Sauveur. Mai, juillet.
— Arion. Eaux-Chaudes, promenade Samonzet. Juillet.

NYMPHALIS. — Populi (Grand-mars). Aas, jardin Darralde, promenade horizontale, de l'Impératrice, Gramont, Eynard, Coume-d'Aas. Juillet.

ARGYNNIS. — Paphia (tabac d'Espagne). Promenade horizontale, de l'Impératrice, Coume d'Aas, Eaux-Chaudes, sur les ronces et les Eupatorium, etc., etc. Juillet.

ARGYNNIS. — Aglaja (grand nacré). Eaux-Chaudes. Juillet.

— Adippe (moyen nacré). Prairies. Juillet.

— Lathonia (petit nacré). Prairies. Mai, août.

— Pales. Gazies, Cauterets, Lac d'Estoum. Juin.

— Ino. Pyrénées-Orientales. Juin, juillet.

VANESSE. — Cardui (belle dame). Montagne verte, lieux arides, pic du Ger. Avril, août.

— Io (Paon de jour). Promenade horizontale, de l'Impératrice, etc. Avril, août.

— Atalanta (Vulcain). Mêmes localités que le précédent, pic du Ger, Ar, etc., Peran.

— Antiopa (morio). Coume d'Aas, toutes les promenades, les bois de sapins, la route de Gabas, etc. Avril, août.

— Urticœ (tortue). Promenade de l'Impératrice, etc., Peran.

EREBIA. — Cassiope. Péneméda, Pla-Ségouné, Ar, Gabisos, Taillades, Ger, Césy, Brèche de Roland. Juillet.

— Pharte. Lac d'Estoum. Juillet.

— Melampus. Lac d'Estoum. Juillet.

— Pyrrha var. Cœcilia (*Tota nigra*). Juillet.

EREBIA. — **Stygne** var. **Pyrene.** Turon-deous-Cristaous, Balour et presque partout. Juillet
— **Evias.** Louctores, mêmes localités que ci-dessus.
— **Lefebvrei.** Raillères de Pla-Ségouné, Ger, Amoulat, Gabisos, Ar, Césy, Eras Taillades, Cirque de Gavarnie, etc. Spécial aux Pyrénées. Juillet.
— **Arachne.** Lac de Gaube. Août.
— **Euryale.** Eaux-Bonnes. Mêmes localités que le Stygne. Juillet.
— **Gorgone.** Turon-deous-Cristaous, Ger, Pla-Ségouné, Taillades, Capéran. Juillet.
— **Gorge.** Mêmes localités que ci-dessus, spécial aux Pyrénées. Juillet.
— **Manto.** Mêmes localités que ci-dessus.
— **Dromus.** Pla-Ségouné, etc., Cauterets, Juin, juillet.

SATYRUS. — **Hermione** var. **Alcyone.** Sousouéou, p. 139 du Guide. Juillet, août.
— **Iphis.** Gourzy, etc. Juin.
— **Arcanius.** Gourzy, etc. Juin.
— **Pamphilus.** Col de Tortes, Pénemèda, Englas, etc. Juin.

HESPERIA. — **Sylvanus.** Juin.

SYRICTHUS. — **Lavateroe.** Louctores, Eaux-Bonnes sur la *Malva alcea* L. et aux Eaux-Chaudes, idem. Août.

LEGIO SECUNDA.

HETEROCERA.

CHIMŒRA. — Appendiculata, Col de Tortes, Englas. Juillet.
THYRIS. — Fenestrina. Eaux-Bonnes. Eaux-Chaudes. Juillet.
DEILEPHILA. — Galii. Juin.
— Lineata. Pic du Ger, col de Tortes, Eaux-Bonnes, Pau, jardin de M. de Rippert, Gavarnie. Juillet, août.
ZYGŒNA. — Scabiosœ. Promenade Gramont, promenade de l'Impératrice. Juillet.
— Contaminei. La Romiga, Salient, Barèges, pic de la Piquette. Juillet. Spécial aux Pyrénées.
— Sarpedon var. Trimaculata. La Romiga. Juillet.
— Exulans. Pic du Ger, Englas, Pla-Ségouné, Montné. Juillet,
— Trifolii var. Orobi. Promenade Gramont, Asperta, Eaux-Chaudes. Août.
— Loniceroe. Eaux-Chaudes. Juillet.
— Hippocrepidis. Juillet.
— Charon. Asperta, Eaux-Bonnes, Eaux-Chaudes. Juillet.
— Anthyllidis. Louctores, Pic du Ger, Ar, Amoulat, Pla-Ségouné, Pénemé-

da, Englas, Col-de-Tortes, Césy, Anouilhas, Gabisos, Pic du Midi, Col de Pombie. Juillet, août. Tout à fait spécial aux Pyrénées.

PROCRIS. — STATICES. Col de Tortes. Juillet.

EMYDIA. — RIPPERTII. Eaux-Chaudes, p. 103 du Guide. Sp. aux Pyr. Juillet.

— GRAMMICA. var. *(Alis posticis nigris)*. Sp. aux Pyr. Juillet.

LITHOSIA. — RUBICUNDA. Coume d'Aas, sur les clématides, p. 24 du Guide. Juin.

— QUADRA. Mêmes localités que ci-dessus. Juillet.

SETINA. — KUHLVEINII. Louctores. Juillet.

CALLIMORPHA. — DOMINULA. Eaux-Bonnes, Noisetiers des promenades Eynard et Gramont, route de Cauterets. Juillet.

NEMEOPHILA. — PLANTAGINIS. Pic du Ger, Louctores, pic du Midi. Juin.

CHELONIA. — MACULOSA. Eaux-Bonnes, Eaux-Chaudes. Juillet.

ORGYA. — AUROLIMBATA. Spécial aux Pyrénées.

BOMBIX. — QUERCUS. Gourzy, Promenade horizontale, Promenade de l'Impératrice, Poursiougues, p. 134, Aas. Juillet.

ODONESTIS. — POTATORIA. Mêmes localités. Juillet.

ENDAGRIA. — PANTHERINA var. ULULA. Juin.

HEPIALUS. — CARNUS var. CARNA. Pic du Ger. Juillet.

— PYRÉNAICUS. Spécial aux Pyr. Juillet.

TYPHONIA. — Melas, Juillet.
PSYCHE. — Plumella. Pic du Ger. Juillet.
— Plumifera. La Romiga. Spécial aux Pyrénées. Juillet.

NOCTUŒ.

TRIPHÆNA. — Orbona. Louctores. Juin, Juillet.
CHERSOTIS.—Ocellina. La Romiga, Col des Moines, Bious. Août.
SPŒLOTIS.—Cataleuca. Août.
AGROTIS. — Agricola. Gourzy, sur les rhododendrons en allant aux Eaux-Chaudes. Juillet.
— Recussa. Juillet.
LUPERINA. — Furva. Tilleuls du jardin Darralde. Juillet.
— Pernix. Juillet.
APAMEA.—Strigilis var. Rubeuncula. Eaux-Bonnes. — Juin, juillet.
POLIA. — Pumicosa. Août.
— Scoriacea. Septembre.
— Clandestina.
THYATYRA.—Batis. Eaux-Chaudes. Juin.
— Derasa. Juin.
CLEOPHANA.—Cymbalarioe. Avril, mai.
CALPE. — Thalictri. Pyrénées-Orientales.
ABROSTOLA. — Asclepiadis. Août.

GEOMETROE.

CLEOGENE. — Peletieraria. Sp. aux Pyr. Juillet.
— Torvaria. Juillet.
FIDONIA. — Pyroenearia. La Romiga, Pyrénées-Orientales. Juillet.
EUPISTERIA. — Quinquaria. Août.
BOARMIA. — Abstersaria. Sp. aux Pyr. Juillet.
EUBOLIA. — Vincularia. Juillet.
EUPITHECIA. — Lingusticaria. Sp. aux Pyr. Juillet.
TORULA. (¹) — Equestraria. Gesque, Capéran, Anouilhas, Balour, Louctores. Juillet.

(1) Le genus Torula porte le nom de Psodos dans Duponchel.

OBSERVATIONS MÉTÉOROLOGIQUES

RECUEILLIES DANS LA ZONE DES EAUX-BONNES

PAR

GASTON-SACAZE.

1843-1868.

	Maxim. Juin.	Moyenne. Juin.	Maxim. Juillet.	Moyenne. »	Maxim. Août.	Moyenne. »	Extrêmes de froid. Décem.	Janv.	Févr.
1843.	—18°	—9°	—22°	—15°	—24°	—20°	+1°	—1°	—1°
1844.	—28.	—15.	—26.	—15.	—25.	—18.	—3.	+1.	+0.
1845.	—19.	—15.	—31.	—16.	—27.	—18.	+0.	+0.	+2.
1846.	—23.	—19.	—26.	—19.	—26.	—19.	+1.	+2.	+3.
1847.	—22.	—15.	—26.	—21.	—26.	—19.	+11.	+1.	+4.
1848.	—24.	—16.	—23.	—18.	—25.	—19.	+2.	+11.	+2.
1849.	—25.	—19.	—27.	—22.	—22.	—18.	—2.	+1.	+3.
1850.	—30.	—17.	—23.	—18.	—27.	—15.	+7.	+4.	—4.
1851.	—26.	—21.	—32.	—18.	—23.	—12.	+7.	+0.	+2.
1852.	—24.	—15.	—27.	—19.	—22.	—17.	+4.	+1.	+6.
1853.	—25.	—13.	—28.	—18.	—28.	—19.	+0.	+4.	+10.
1854.	—22.	—14.	—22.	—17.	—25.	—19.	+14.	+0.	+0.
1855.	—26.	—21.	—27.	—19.	—25.	—21.	+7.	+10.	—3.
1856.	—27.	—19.	—25.	—20.	—30.	—23.	+5.	+0.	+1.
1857.	—27.	—19.	—29.	—24.	—26.	—21.	+3.	+7.	+7.
1858.	—30.	—20.	—28.	—18.	—26.	—19.	+0.	+6.	+0.
1859.	—26.	—17.	—31.	—24.	—23.	—22.	+1.	+2.	—1.
1860.	—24.	—18.	—24.	—18.	—27.	—17.	+5.	+5.	+12.
1861.	—25.	—18.	—26.	—19.	—33.	—22.	+3.	+6.	—1.
1862.	—20.	—16.	—27.	—20.	—27.	—18.	—1.	+1.	+7.
1863.	—20.	—17.	—27.	—21.	—27.	—20.	+2.	+1.	+0.
1864.	—22.	—17.	—24.	—20.	—25.	—21.	+2.	+11.	+4.
1865.	—25.	—21.	—28.	—20.	—24.	—18.	+5.	+0.	+6.
1866.	—25.	—18.	—26.	—19.	—25.	—19.	+5.	+1.	+0.
1867.	—25.	—18.	—27.	—20.	—30.	—21.	—9.	+1.	+3.
1868.	—28.	—20.	—33.	—21.	—30.	—20.	+5.	—9.	—3.

ANALYSE DES EAUX,

Par M. E. FILHOL,

Professeur de chimie à la Faculté des Sciences de Toulouse.

Un litre d'eau de la SOURCE VIEILLE, a fourni :

	Grammes.
Sulfure de sodium...........................	0,0210
— de calcium...........................	traces.
Chlorure de sodium...........................	0,2640
Silicate de soude...........................	0,0310
Sulfate de soude...........................	} traces.
— de magnésie...........................	
— de chaux...........................	0,1750
Silice...........................	0,0320
Matière organique...........................	0,0320
Borate de soude...........................	} traces.
Iode...........................	
Fer...........................	
Phosphate...........................	
Fluor...........................	
Total............	0,5710

Eau de la source froide dite SOURCE DE LA MONTAGNE.
Température 13° 30.
Eau 1 kilog. (pesée à la température de 15°).

	Grammes.
Soufre	0,0080
Chlore	0,1591
Iode	traces.
Fluor	traces.
Acide carbonique	traces.
— Sulfurique	0,1089
— Phosphorique	traces.
— Borique	traces.
— Silicique	0,0520
Soude	0,1553
Potasse	traces.
Chaux	0,0629
Magnésie	traces.
Oxyde de fer	traces.
Matière organique	0,0006
Ammoniaque	0,0600
Total	0,6068
Sulfure de sodium	0,0196
Sulfure de calcium	traces.
Chlorure de sodium	0,2620
Chlorure de calcium	traces.
Sulfate de soude	0,0339
Sulfate de chaux	0,1527
Sulfate de magnésie	traces.
Silicate de soude	traces.
Borate de soude	traces.
Iodure de sodium	traces.
Ammoniaque	6,0006
Phosphate de chaux	traces.
Phosphate de magnésie	traces.

Fluorure de calcium........................	traces.
Fer..	traces.
Matière organique............................	0,0690
Silice...	0,0520
Total..................	0,5898

Source d'Orteig (Température 22° 20).
Eau 1 kilog. (pesée à la température de 15°).

	Grammes.
Soufre...	0,0088
Chlore..	0,1870
Iode...	traces.
Fluor..	traces.
Acide carbonique.............................	traces.
— Sulfurique..................................	0,1533
— Borique.....................................	traces.
— Phosphorique.............................	traces.
— Silicique....................................	0,0390
Soude...	0,1898
Potasse..	traces.
Chaux..	0,0723
Magnésie..	traces.
Ammoniaque....................................	0,0003
Oxyde de fer...................................	traces.
Matière organique............................	0,0330
Sulfure de sodium............................	0,0215
Sulfure de calcium...........................	traces.
Chlorure de sodium..........................	0,3080
Chlorure de calcium.........................	traces.
Sulfate de soude..............................	0,0214
Sulfate de chaux..............................	0,1737
Sulfate de magnésie.........................	traces.
Silicate de soude.............................	traces.
Borate de soude..............................	traces.

Iodure de sodium...........................	traces.
Phosphate de chaux.........................	traces.
Phosphate de magnésie......................	traces.
Fluorure de calcium........................	traces.
Ammoniaque.................................	0,0005
Fer..	traces.
Matière organique..........................	0,0550
Solice.....................................	0,0500
Total..............	0,6321

BOTANIQUE.

Ceux qui voudraient avoir une idée exacte et complète de la flore des Eaux-Bonnes, doivent s'adresser à Gaston Sacaze, qui met son herbier à la disposition du premier venu avec une patience, une complaisance et une abnégation que je ne puis trop admirer ; car il faut bien le dire : les trois quarts de ceux qui se rendent à Bagès n'entendent souvent pas le premier mot des sciences que Sacaze possède à fond. Ils vont là par pure curiosité, comme ils iraient voir les cascades ou le pic du Ger ; et en cela du moins ils ont raison, ce pasteur naturaliste étant vraiment les Eaux-Bonnes en chair et en os. Toutefois, il y a des bornes que par discrétion on ne devrait pas franchir...... Quelle que soit la manie, la passion de collectionner dont on soit possédé, il n'est pas permis, sous le prétexte d'emporter un souvenir de cet homme étonnant, de lui *chiper* (qu'on me pardonne cette expression de collége) tout ce qui tombe sous la main. On lui a souvent *dérobé* ainsi, le mot n'est pas trop fort, des échantillons, des fossiles qu'il n'a pu remplacer ; et ce procédé est d'autant plus indélicat qu'il est presque toujours le premier à offrir ce qu'il pense pouvoir être agréable.

J'ai déjà indiqué, p. 22. du Guide, le chemin qui mène à Bagès. Il y en a encore un autre beaucoup plus court, *pour les piétons* : Lorsqu'on est sorti d'Aas (826^m), le routin cotoie un petit mur le long des schistes (*Saponaria officinalis* L.), traverse des suintements et passe à droite de la grange de *Liés* (1). Au sortir d'une petite futaie, on prend à droite, au travers des prairies de *Bouala* (2), un sentier horizontal qui va aboutir presqu'en face de Sacaze. 3/4 d'heure pour aller, autant pour revenir.

Dianthus superbus L. — *Jasione montana* L. — *Arabis cebennensis* DC. — *Brunella grandiflora* Mœnch. var. y. *pyrenaica* Nob. — *Daboecia polifolia* Don. — *Narcissus odorus* L. — *Carex decipiens* Gay. — *Carex pyrenaica* Wahl. — *Carex sempervirens* Will. — *Avena montana* Will. — *Poa nemoralis* L. — *Festuca ovina* L. — *Festuca violacea* Gaud. — *Festuca varia* Hœnk. — *Festuca spadicea* L.

Ces fleurs sont des environs de Bagès, et un peu en descendant sur Béost.

Si vous voulez revenir par la *montagne-verte* (3), vous trouverez vers le sommet au Sud :

Anagallis tenella L — *Wahlembergia hederacea* Rchb. — *Brunella grandiflora* Mœnch. var. y. *pyrenaica* Nob.

(1) Terrain d'ardoise.
(2) Lieu ou pacagent les bestiaux.
(3) p. 23 du guide.

Au sommet Nord :

Arnica montana L. (1) — *Jasione montana* L. — *Senecio adonidifolius* Lois.

Vers l'Ouest :

Ranunculus amplexicaulis L. — *Vicia Orobus* DC. — *Gentiana campestris* L.—*Nigritella angustifolia* Rich.—*Gentiana lutea* L. — *Viola sylvatica* Fries. — *Seseli libanotis* Koch. — *Trifolium alpinum* L.,

et je crois la *Scrophularia pyrenaica* Benth. Mais je ne suis pas certain de cette note.

Le *Papilio Machaon* est très commun *sur le sommet* de la montagne ; le *Podalirius* s'y trouve aussi.

En continuant cette excursion jusqu'au pic de Lazive (1,394^m), on ajouterait à cette récolte (2) :

Lonicera pyrenaica L. — *Scrofularia pyrenaica* Benth. — *Silene saxifraga* L. — *Buplevrum angulosum* L. — *Trifolium alpinum* L.—*Teucrium pyrenaicum* L. — *Sempervivum arachnoideum* L.—*Saxifraga aizoïdes* L. — *Parnassia palustris* L.

Et en descendant aux Eaux-Bonnes par le bois de chêne :

Heracleum pyrenaicum Lam. — *Wahlenbergia hederacea* Rchb.

Dans les Alpes, on trouve, en s'adressant au syndicat, des guides spéciaux pour la zoologie, l'entomologie, la minéralogie, la botanique et la chasse. Les Pyrénées n'offrent pas les mêmes ressources,

---

(1) Le Christocephalus sœpus se nourrit de la fleur de l'Arnica où il dépose ses œufs.
(2) p. 28 du guide.

surtout pour les sciences. Si les renseignements que G. Sacaze donne avec la plus grande bienveillance ne vous suffisaient pas, il existe aux Eaux-Bonnes un individu qui connaît une grande quantité de gisements, et qui peut être utile si on l'emploie *à jeun*; chose excessivement rare. Ses déplorables habitudes m'ont empêché et m'empêchent encore de le nommer..... Il sait très peu de noms de fleurs; mais si vous lui montrez un échantillon, il est parfaitement capable de le rapporter et de vous guider dans vos recherches. Il est reconnaissable à sa face bourgeonnée, à un large panier qui ne le quitte jamais, et à un débris de boîte à herboriser qui lui pend quelquefois dans le dos comme une enseigne. Sa voix, presque inintelligible, semble sortir d'un tonneau fêlé. Ce que cet homme, bon diable du reste, a *bu* de fleurs de la montagne, est incalculable; sobre, il serait aujourd'hui l'un des guides les plus riches des Eaux-Bonnes.

On trouvera, ci-après, une table alphabétique et la page correspondante de toutes les plantes indiquées dans les excursions, de manière à pouvoir, en un instant, se renseigner sur le gisement de celles que l'on désire.

TABLE ALPHABÉTIQUE

DE LA

BOTANIQUE.

Aconitum Lycoctonum *L.* 137.
Aconitum Napellus *L.* 193.
Adenostyles albifrons *Rchb.* grotte des E. Chaudes.
Adenostyles alpina *Bl.* et *Fing.* 109.
Adonis pyrenaica *DC.* Gazies, Col-des-Moines.
Agrostis pyrenœa *Timbal.* 184.
Agrostis rubra *DC.* 144.
Ajuga pyramidalis *L.* 130. 195.
Alchemilla alpina *L.* 127. 130. 151. 181. 234.
Alchemilla vulgaris *L.* 151. 235.
Allium fallax *Don.* 185.
Allium ochroleucum *W.* 185.
Allium roseum *L.* 182.
Allosurus crispus *Bernh.* 193.
Alopecurus Gerardi *Will.* 184.
Alsine cerastiifolia *Fenzl.* 186.
Alsine recurva *Wahlenb.* 190.

Alsine verna *Bartl.* 185.
Anagallis tenella *L.* 113. 274. p. 158 du Guide. (1)
Androsace carnea *L.* 151. 163. p. 83 du Guide.
Androsace pubescens *DC.* var. hirtella *Duf.* 150. 155. 193. 234.
Androsace villosa *L.* 127. 151. 152. 155. 185. 226.
Anemone alpina *L.* 130. 154.
Anemone Hepatica *L.* 107. 180. 181.
Anemone narcissiflora *L.* 144. 192.
Angelica pyrenœa *Spreng.* 184. promenade horizontale, Eynard, route de Cauterêts.
Antennaria carpatica *Bl.* et *Fing.* 127. 152. 192.
Antennaria dioica *Gærtn.* 127. 152. 186. 192.
Anthirrinum sempervirens *Lap.* 196.
Anthyllis Dilenii *Schult.* 193.
Anthyllis montana *L.* 128. 150. 153. 194.
Anthyllis vulneraria *L.* Poursiougues. prom. imp.
Anthyllis vulneraria *L.* var. d. Allionii *DC.* 204. sommet du Ger.
Anthyllis vulneraria *L.* var. y. rubiflora *Gren God.* 185. 193.
Aquilegia pyrenaica *DC.* 107. 124. 181. 235.
Arabis alpina *L.* 192. 235.
Arabis cebennensis *DC.* 274.
Arabis stricta *Huds.* 192.
Arctostaphylos alpina *Spreng.* 235.
Arctostaphylos officinalis *Wimm.* 151. 152. 184. p. 46, 128 du Guide.
Arenaria ciliata *L.* 186.
Arenaria grandiflora *All.* 186. 222.
Arenaria montana *L.* 125. 130. 151. 214. 215.
Arenaria purpurascens *Ram.* 131. 186. 222. 235.
Arenaria serpyllifolia *L.* 235.

(1) Il m'arrivera quelquefois de renvoyer à une page où l'on ne trouvera pas le nom de la fleur; dans ce cas, le lecteur rencontrera la plante dans la localité qu'indique la page.

Arenaria serpyllifolia *L.* var. y. nivalis *Gren. God.* 190.
Armeria alpina *Willd.* 146. 191. 226.
Arnica montana L. 275.
Aronicum Doronicum *Rchb.* 144. 154. 214. 234.
Aronicum scorpioides *DC.* 144. 189. 215. 235. p. 89 du Guide.
Aronicum scorpioides *DC.* var. B. pyrenaica *Gay.* 191.
Artemisia glacialis *L.* 205. 222. 226. pic d'Anéou.
Artemisia spicata *Wulf.* Sourins.
Asperula hirta *Ram.* 150. 186. 234.
Asperula cynanchica *L.* Eaux-Chaudes.
Aspidium Lonchitis *Sw.* 185.
Asplenium viride *Huds.* 185.
Aster alpinus *L.* 125. 151. 152. 153. 185. 191.
Asterocarpus Clusii *Gay.* 130. 142. 203.
Asterocarpus sesamoides *Gay.* 144. 147. 194.
Astragalus aristatus *L'Hèr.* 152. 194.
Astragalus depressus *L.* 195.
Astragalus monspessulanus *L.* 130.
Astrantia major *L.* 114. Poursiougues.
Astrantia minor *L.* 185.
Atropa Belladona *L.* route de Gabas à la vallée d'Aspe.
Avena montana *Will.* 186. 195. 202. 274.
Barstia alpina *L.* 154. 186. 190.
Betonica alopecuros *L.* 151. 184.
Betonica hirsuta *L.* 186.
Biscutella lœvigata *L.* 147. 153. 190.
Boletus edulis *DC.* 106. 134 p. 47 du Guide.
Bunium alpinum *W. Kit.* 239. 247.
Buplevrum angulosum *L.* 195. 235. 275.
Buplevrum gramineum *Will.* 151. 184.
Buplevrum ranunculoides *L.* 146. 152. 185. 203.
Buplevrum ranunculoides *L.* var. B. caricinum *DC.* 192.
Brunella grandiflora *Mœnch.* var. y. pyrenaica *Nob.* 101. 274.
Caluna vulgaris *Salib.* 101.

Campanula glomerata *L.* 156. 185. 235.
Campanula linifolia *Lam.* 154. 192.
Campanula pusilla *Hœnck.* 185.
Campanula stolonifera *Miégeville.* 192.
Cardamine alpina *Will.* 144.
Cardamine latifolia *Vahl.* 113.
Cardamine resedifolia *L.* 153.
Carduus carlinoides *Gouan.* 153. 163. 192. 194. 214.
Carduus medius *Gouan.* 155.
Carex albida *Will.* 194.
Carex atrata *L.* 186.
Carex decipiens *Gay.* 202. 274.
Carex nigra *All.* 186.
Carex pyrenaica *Wahl.* 202. 274.
Carex rupestris *All.* 186.
Carex sempervirens *Will.* 186. 202. 274.
Carlina acanthifolia *All.* p. 121. 158 du Guide.
Carlina acaulis *L.* Gourzy. p. 101. 158 du Guide.
Carlina subacaulis *DC.* 150.
Cerastium alpinum *L.* var. a. hirsutum *Gren. God.* 226.
Chrysantemum alpinum *L.* 151.
Cirsium acaule *All.* 154.
Cirsium eriophorum *Scop.* 130.
Cirsium glabrum *DC.* 194.
Cirsium lanceolatum *Scop.* 150. 155.
Cirsium rufescens *Ram.* 121.
Clandestina rectiflora *Lam.* 109. 113.
Corydalis cava *Schweig.* var. a. fumaria bulbosa *L.* 152.
Cracca Gerardi *Gren. God.* 202.
Crepis albida *Will.* 194.
Crepis blattarioides *Will.* 154.
Crepis pygmœa *L.* 153. 186. 235.
Colchicum autumnale *L.* banquettes de la P[e] de l'Imp. Gabas.
Cynoglossum montanum *Lam.* p. 138 du Guide.

Daboecia polifolia *Don*. 274.
Daphne cneorum *L*. 141. 152. 154. 186. 191.
Daphne laureola *L*. 181.
Dethawia tenuifolia *Endl*. 184. 195. 202.
Dianthus barbatus *L*. 154.
Dianthus benearnensis *Timbal*. p. 142. 158 du Guide. Bious, Bious-Artigue.
Dianthus monspessulanus *L*. 185.
Dianthus superbus *L*. 274.
D'gitalis purpurea *L*. 196. route de Gabas.
Draba aizoides *L*. 153. 163. 192.
Draba aizoides *L*. var. nana ou ciliaris *DC*. 226.
Draba pyrenaica *L*. 192. p. 63 du Guide.
Drosera rotundifolia *L*. p. 136 du Guide.
Dryas octopetala *L*. 102. 107. 152. 184. 222. 235.
Epilobium montanum *L*. var. B. collinum *Gren. God*. 191. 214.
Epilobium spicatum *Lam*. p. 158 du Guide.
Erica vagans *L*. 101.
Erigeron alpinus *L*. 183. 202.
Erigeron uniflorus *L*. 185. 203. p. 158 du Guide.
Erinus alpinus *L*. 114. 130. 151. 155. 181. 204. 235.
Erodium Manescavi *Bub*. 60. 63.
Erysimum ochroleucum *DC*. 147. 153. 192.
Eryngium Bourgati *Gouan*. 151. 192. 193.
Euphorbia Chamœbuxus *Bern*. ap. *Gren. God*. 153.
Euphrasia nemorosa *Pers*. var. y. minima *Schl*. 150. 152.
Euphrasia nemorosa *Pers*. var. y. parviflora *Soy. Will*. 151.
Euphrasia Soyeri *Timbal*. 192. 215.
Festuca eskia *Ram*. 219.
Festuca ovina *L*. 274.
Festuca rubra *L*. var. glauca *Timbal*. 186.
Festuca rubra *L*. var. stolonifera *Timbal*. 186.
Festuca spadicœa *L*. 195. 274.
Festuca varia *Hœnck*. 274.

Festuca violacea *Gaud*. 274.
Gagea Liottardi *Schult*, 195.
Galium cœspitosum *Ram*. 192.
Galium montanum *Will*. 192.
Galium pyrenaicum *Gouan*. 142. 191.
Galium rotundifolium *L.* 192.
Genista Delarbrei *Lecoq* et *Lamothe* 202.
Genista pilosa *L.* 154.
Gentiana acaulis *L.* 130. 140. 150. 152. 185. 204.
Gentiana acaulis *L.* var. y. parvifolia *Gren. God.* 152. 185. 204.
Gentiana acaulis *L.* var. B. media *Gren. God.* 185.
Gentiana alpina *Will* 144.
Gentiana Burseri *Lap*. 144. 152. 154. 195.
Gentiana campestris *L.* 101. 151. 195. 275.
Gentiana ciliata *L.* 102. 196.
Gentiana germanica *Willd*. 102.
Gentiana lutea *L.* 275.
Gentiana nivalis *L.* 144. 151. 152. 153. 154. 192.
Gentiana pneumonanthe *L.* 102.
Gentiana verna *L.* 51. 130. 140. 141. 150. 152. 185. 204.
Gentiana verna *L.* var. B. alata *Gren. God.* 141. 185.
Gentiana verna *L.* var. y brachyphylla *Gren. God.* 185.
Geranium cinereum *Cav.* 130. 141. 142. 222. 226.
Geranium phœum *L.* 51. 130. 151.
Geranium pratense *L.* 146.
Geranium sanguineum *L.* prairies et bois de l'ardoisière, nouvelle route.
Geranium sylvaticum *L.* 132. 184. 235.
Geum montanum *L.* 141. 150. 151. 153 195. 234.
Geum pyrenaicum *Willd*. 137. 146. 151.
Geum rivale *L.* 127. 131. 155. 235. Cette plante porte souvent des fleurs doubles. 127. 235.
Globularia cordifolia *L.* var. a. nana *Lam*. 128. 152. 153. 190. 194. 215.

Globularia nudicaulis *L.* 153. 184.
Gnaphalium supinum *L.* 142. 214.
Gnaphalium sylvaticum *L.* p. 158 du Guide.
Gregoria Vitaliana *Dub.* 153. la Romiga.
Gypsophila repens *L.* 124. 149. 150. 185. 203. 204. 235.
Helianthemum canum *Dun.* 130. 154. 183. 190. 204. 213.
Helianthemum vulgare *Gœrtn.* 155. 181.
Helianthemum vulgare *Gœrtn.* var. B. virescens *Gren. God.* Coume d'Aas.
Heracleum pyrenaicum *Lam.* 275.
Hieracium albidum *Willd.* Césy.
Hieracium amplexicaule *L.* Césy.
Hieracium cerinthoides *L.* 202.
Hieracium compositum *Lap.* 202.
Hieracium mixtum *Frœl.* 186.
Hieracium nobile *Gren. God.* 106. 180. route de Gabas. Gazies. p. 136 du Guide.
Hieracium saxatile *Will.* 163. 204.
Hieracium sericeum *Lap.* 202.
Homogyne alpina *Cass.* 144. 152.
Horminum pyrenaicum *L.* 127. 150. 151. 183.
Hutchinsia alpina *R. B.* 147. 186. 203.
Hypericum Burseri *Spach.* 195.
Hypericum nummularium *L.* 182. 184. 202.
Iberis Bernardiana *Gren. God.* 182. 194. 213.
Iberis Garrexiana *All.* 147.
Iberis spathulata *Berg.* p. 87 du Guide.
Iris xyphioides *Ehrh.* 66. 131. 154. 176. 194. 196.
Jasione humilis *Pers.* 142. 152. 192. 215.
Jasione montana *L.* 274. 275.
Jasione perennis *Lam.* var. B. pygmœa *Gren. God.* 147. 190.
Kœleria setacea *Pers.* 192.
Kernera saxatilis *Rchb.* 184.
Knautia longifolia *Koch.* p. 158 du Guide.

Lactuca muralis *Fres*. 181.
Lactuca Plumieri *Gren. God*. 154. route de Bious-artigue à Bious.
Laserpitium Nestleri *Soy. Will*. 202.
Lasiagrostis Calamagrostis *Link*. 181. 202.
Lathirus canescens *God. Gren*. 202.
Lathirus montanus *Gren*. 150.
Leontopodium alpinum *Cass*. 125. 130. 151. 152. 155. 183. 235.
Leontodon pyrenaicus *Gouan*. 186 226.
Leontodon pyrenaicus *Gouan*. var. B. aurantiacus *Koch*. 191.
Leucanthemum alpinum *Lam*. 175. 218. 227.
Leucanthemum corymbosum *Gr. God*. 156.
Leucanthemum graminifolium *Lam*. 191.
Lilium Martagon *L*. 149. 181.
Lilium pyrenaicum *Gouan*. 131.
Linaria alpina *DC*. 142. 186. 226. 235.
Linaria origanifolia *DC* 186.
Linum suffruticosum *L*. 153.
Lithospermum Gastoni *Bent*. 127. 154. 192. Gaziès.
Lonicera pyrenaica *L*. 151. 202. 275.
Lysimachia nemorum *L*. 149.
Malva moscata *L*. de Laruns aux Eaux-Bonnes, Impératrice et Discoos.
Meconopsis cambrica *Vig*. 114. 149. 181. 184.
Merendera bulbocodium *Ram*. 151. 196.
Monotropa hypopithys *L*. 113.
Myosotis alpestris *Schm*. 130. 152. 202.
Myosotis pyrenaica *Pour*. 151. 153. 191.
Narcissus odorus *L*. 274.
Nepeta lanceolata *Lam*. pic d'Anéou.
Nepeta Nepetella *L*. pic d'Anéou
Nigritella angustifolia *Rich*. 130. 150. 185. 234. 275.
Onobrychis sativa *Lam*. 202.
Onobrychis supina *DC*. 131. 150. 192.
Ononis natrix *L*. 64.

Ononis striata *Gouan*. 150. 152. 194. 202.
Onopordon illyricum. *L*. 194.
Orchis conopsea *L*. pic Lazive.
Orobanche major *L*. 113.
Orobanche Scabiosœ *Koch*. 194.
Osmunda regalis *L*. canal de Lagoin, près du tunnel (1).
Oxytropis campestris *DC*. 125. 147. Arcizette.
Oxytropis montana *DC*. 125
Oxytropis pyrenaica *Gr. God*. 153. 192 204.
Parnassia palus ris *L*. 101. 113. 125. 130, etc., etc.
Paronychia capitata *Lam*. var. B. serpyllifolia *DC*. 130. 150. 152. 190. 192.
Paronychia polygonifolia *DC*. 193.
Passerine dioica *Ram*. 137. 150. 153. 186.
Pedicularis foliosa *L*. 235.
Pedicularis pyrenaica *Gay*. 144. 155. 186. 192.
Pedicularis rostrata *L*. 151. 152. 154. 185. 202. 235.
Pedicularis tuberosa *L*. 130. 152. 193. 235.
Petrocoptis pyrenaica *Braun*. 130.
Phyteuma hemisphœricum *L*. 147. 150.
Phyteuma orbiculare *L*. var. B. lanceolatum *Gr. God*. 192.
Phyteuma spicatum *L*. 151. 185. 210. 235.
Pinguicula alpina *L*. 138. 141. 186. 190. p. 58 du Guide.
Pinguicula grandiflora *Lam*. 101. 114. 140, etc.
Pinguicula grandiflora *Lam*. var. rose. 182.
Pinguicula vulgaris *L*. 151.
Pinus uncinata *Ram*. 187.
Plantago alpina *L*. 155. 202.
Plantago montana *Lam*. 186.

(1) J'indique l'habitat de cette plante quoiqu'elle ne soit pas de la montagne, parce que je ne crois pas que les auteurs l'aient désignée dans les Basses-Pyrénées. Le canal de Lagoin est à 10 ou 12 kilomètres de Pau.

Poa nemoralis *L.* 274.
Polygala depressa *Wend.* p. 99 du G. fontaine d'Anouilhas.
Polygala vulgaris *L.* 130. 149.
Polygonum viviparum *L.* 130. 152. 186.
Potentilla alchemilloides *Lap.* 107. 130. 151. 182. 235.
Potentilla fruticosa *L.* 184. pr. de l'Impératrice.
Potentilla nivalis *Lap.* 186. 222. p. 87 du Guide.
Potentilla opaca *L.* 131. 153.
Potentilla rupestris *L.* 128. 130.
Primula farinosa *L.* 127. 130. 140. 146. 151. 182. 189. 235.
Primula integrifolia *L.* 130. 140. 146. 189. 211. 231. 235.
Primula intricata *Gre. God.* 130. 140. 151. 153. 186. 235.
Primula viscosa *Will.* 144. 146. 154. 214.
Pyrola minor *L.* 144. 184.
Ranunculus aconitifolius *L.* la Romiga.
Ranunculus alpestris *L.* 145. 163. 186. 189. 204. 235.
Ranunculus amplexicaulis *L.* 144. 152. 195. 275.
Ranunculus flammula *L.* p. 158 du Guide.
Ranunculus glacialis *L.* pic du midi. raillère d'Anéou.
Ranunculus Gouani *Willd.* 186. 134. 202.
Ranunculus montanus *Wild.* 134. 191.
Ranunculus parnassifolius *L.* 138. 163. 186.
Ranunculus pyrenœus *L.* 141. 144. 152. 192. 222.
Ranunculus Thora *L.* 137. 151. 184. 235.
Ranunculus trichophyllus *Chaix.* 142.
Reseda glauca *L.* 146. 203.
Rhinanthus alpinus *Baumg.* 185.
Rhinanthus minor *Ehrh.* var. B. angustifolius *Gmel.* — *Fries.*
    Balour.
Rhododendron ferrugineum *L.* 130. 143. 151. 152. 185. 235.
Ribes alpinum *L.* 184 p. 136 du Guide.
Roripa pyrenaica *Spach.* 153.
Rosa pimpinellifolia *Ser.* 154.
Rosa pyrenaica *Gouan.* 128.

Rosa pyrenaica *Gouan*. var. du R. alpina *L*. 181. 235.
Rumex alpinus *L*. Gourzy.
Salix herbacea *L*. 186. 193. 222.
Salix pyrenaica *Gouan*. 183. 190. 235.
Salix reticulata *L*. 186. 202.
Salix retusa *L*. 189.
Sambucus racemosa *L*. 181.
Saponaria cœspitosa *DC*. 152. 192. 195.
Saponaria officinalis *L*. 274.
Saxifraga acaulis *L*. 195.
Saxifraga aizoides *L*. 101. 121. 125. 130. 112. 152. 155. 183. 195. 235. 275.
Saxifraga Aizoon *Jacq*. 113. 125. 130. 152. 151. 183. 210. 235.
Saxifraga ajugœfolia *L*. 185. 189. 203. 214. 215. 235.
Saxifraga aretioides *Lap*. 130. 151. 155. 185. 193. 234.
Saxifraga aspera *L*. var. a. genuina *Gren. God*. pic du Ger.
Saxifraga capitata *Lap*. lac des Englas.
Saxifraga cœsia *L*. 183. 185. 235. p. 83. du Guide.
Saxifraga exarata *Will*. 141. 151.
Saxifraga granulata *L*. 151.
Saxifraga groenlendica *L*. 192. 205. 226.
Saxifraga hirsuta *L*. 113.
Saxifraga intricata *Lap*. 227.
Saxifraga longifolia *Lap*. 150. 151. 152. 183. 193. 210. 235.
Saxifraga muscoides *Wulf*. 128. 131. 141. 150. 185.
Saxifraga oppositifolia *L*. 121. 127. 141. 204. 210. 222.
Saxifraga recta *Lap*. 235.
Saxifraga sedoides *L*. 186.
Saxifraga stellaris *L*. 214. p. 125 du Guide.
Saxifraga umbrosa *L*. 125. 151. 152. 183.
Scabiosa Gramuntia *L*. var. y. tomentosa *Gr. God*. 133.
Scilla verna *Huds*. 141. 150. 152. 192. 235.
Scorzonera aristata *Ram*. 194.
Scrophularia Hoppii *Koch*. 146. 150

Scrophularia pyrenaica *Benth*. 275.
Scutellaria alpina *L*. 186. 192.
Sedum album *L*. Aas.
Sedum alpestre *Will*. 142.
Sedum annum *L*. 153.
Sedum atratum *L*. 185.
Sedum dasyphyllum *L*. 185.
Sedum hirsutum *All*. 154.
Sedum micranthum *Bart*. 185.
Sedum reflexum *L*. Aas.
Selaginella spinulosa *Al. Br*. 186.
Sempervivum arachnoideum *L*. 128. 152. 153. 154. 156. 191. 275.
Sempervivum montanum *L*. 130. 154.
Senecio adonidifolius *Lois*. 275.
Senecio Doronicum *L*. 202.
Senecio pyrenaicus *Gre. God*. 202.
Senecio Tournefortii *Lap*. 153. 227.
Seseli libanotis *Koch*. 275.
Sideritis incana *Gouan*. 192.
Sideritis hyssopifolia *L*. 155. 192. Gourziotte.
Silene acaulis *L*. 127. 130. 143. 144. 152. 173. 183. 204.
Silene Borderi *Jord*. 213.
Silene quadrifida *L*. 185.
Silene nutans *L*. pic Lazive
Silene saxifraga *L*. 275.
Sisymbrium austriacum *Jacq*. var. γ. acutangulum *Koch*. Ger.
Soldanella alpina *L*. 140. [182. l. 14] 189. 191. 214. 235. (1).
Solidago virga-aurea *L*. 192.

---

(1) Cette plante a été omise dans presque toutes les excursions mais elle se trouve aux pages indiquées ci-dessus.

Sorbus Aria *Crantz*. 181.
Sorbus aucuparia *L.* 185.
Sphagnum acutifolium *Ehrh.* Bious
Spinacia 196.
Spiranthes autumnalis *Rich.* p. 17 du Guide, 1. 10.
Spiræa aruncus *L.* 182.
Stachys alpina *L.* 109.
Sulfuraire *Fontan.* 180.
Swertia perennis *L.* 155. Bious, p. 121 du Guide.
Teucrium chamœdris *L.* 150.
Teucrium montanum *L.* 151.
Teucrium pyrenaicum *L.* 102. 107. 155. 183. 193. 275.
Thalictrum fœtidum *L.* 153.
Thalictrum macrocarpum *Gren.* 127. 138. 151. 155. 181.
Thalictrum majus *Jacq.* 184. 235.
Thalictrum minus *L.* 128. Arcizette.
Thalictrum saxatile *DC.* 142.
Thesium pratense *Ehrh.* 194.
Thymus serpyllum *L.* Col de Tortes, Capéran.
Tofieldia calyculata *Wahl.* 185.
Trifolium alpinum *L.* 275. Gourzy, Gourziotte, Anouilhas, etc.
Trifolium Thalii *Will.* 195. 202.
Trinia vulgaris *DC.* 184.
Trollius europœus *L.* 130. 154.
Tussilago farfara *L.* 101.
Vaccinium uliginosum *L.* 141. 144. 152. 186. 215.
Valeriana globulariœfolia *Ram.* 150. 151. 153. 186. 191.
Valeriana montana *L.* 130. 152. 153. 185. 235.
Valeriana pyrenaica *L.* Bious-artigue.
Veratrum album *L.* pic d'Anéou.
Veronica alpina *L.* 144. 186. 191. 215.
Veronica aphylla *L.* 186. 189. 214.
Veronica bellidioides *L.* 146.
Veronica fruticulosa *L.* var B. pillosa *Gr. God.* 130. 222 226.

Veronica nummularia *Gouan*. 163. 191.
Veronica Ponœ *Gouan*. 113. 184.
Veronica saxatilis *Jacq*. 222.
Veronica spicata *L*. 152. 153.
Vicia Orobus *DC*. 275.
Vicia pyrenaica *Pour*. 154.
Viola biflora *L*. 130. 140. 144. 186. 210. 214. 235.
Viola cornuta *L*. 130. 155. 196.
Viola palustris *L*. 140.
Viola sylvatica *Fries*. 275.
Viscaria alpina *Fries. Lind.* pic d'Anéou.
Wahlenbergia hœderacea *Rchb*. 274. 275. p. 158 du G.

TABLE ALPHABÉTIQUE.

Aquères mountines 26.
Agnès de Navarre 26.
Aigle 210.
Aigle d'or 165.
Albret (Henri d') 32. 34.
Albret (Jean d') 70.
Albret (Jeanne d') 21. 30.
Amoulat d'Ar (pic) 168.
Anes 84.
Anesses 84.
Ar (excursion d') 159.
Ar (col d') 167.
Ar (las meneras d') 172.
Arbase 124.
Archambauld de Grailly 25.
Armagnaise (la gaie) 27.
Armoiries d'Ossau 52.
Armoiries de Pau 21.
Arudy 48.
Aubisque (col d') 122. 123.
Aucupat (pic d') 192.
Azus 131.
Bagès 64. 273.
Bains (tarif des) 90.
Balaïtous (pic) 14. 124. 166. 208.
Balour 149.

Bartas (Guillaume du) 9.
Basse-Plante 37.
Béarn (Pierre de) 27.
Béatrix (la gaie Armagnaise) 27.
Bel-air 46.
Bélesten 63.
Bencharnum 12.
Béon 60. 63.
Berger (de Laruns) 242.
Bernadotte 39.
Bielle 60.
Bigné de maignabatch 250.
Bilhères 60.
Bitaubé 46.
Bitet 242.
Bordeu 45. 47. 49. 71.
Botanique 273.
Botanique (table) 277.
Bourbon (Antoine de) 32.
Bouye 134.
Bréca (passes de) 154.
Buzy 48.
Cabinets de lecture 81.
Cagots 24.
Camp Batalhé 20.
Cannelotte 138. 168.

Capéran du Ger 160. 185.
Cascades 119.
Castel-Gelos 59.
Castel-Menou 22.
Catherine de Navarre 43.
Césy (pic de) 14. 149.
Chaises à porteur 84.
Charles VI 26.
Charles VII 29.
Charles le mauvais 26. 27.
Chasseurs 82.
Château de Pau 23.
Chevaux (loueurs de) 83.
Chèvres 84.
Choquart 138. 191.
Clarou 57.
Clot-ardoun 161. 192.
Clotche-d'Anouilhas 151.
Cordet d'Assouste 251.
Corisande d'Andoins 42. 105.
Côte du moulin 20.
Crétins 24.
Croix du prince 38.
Cujas 44.
Darrac (le capitaine) 43.
Darralde (jardin) 97.
Diligences 80.
Discoos (cascade de) 119.
Dominique (l'ours) 239. 246.
Duzious (lac de) 133.
Eaux-Bonnes 64. 69.
Eaux thermales (analyse des) 268.
Englas (lac des) 133.
Entomologie 255.
Espalungue (grotte d') 50.
Espartille 238.

Estoum (lac d') 257.
Etablissement thermal 78. 87.
Etymologie de Pau 21.
Etymologie des Pyrénées 9.
Exulans (Zygœna) 143.
Eynard (promenade) 115.
Flûte Ossaloise 56.
Gabisos (pic du) 14. 15. 124 197.
Galles (prince de) 23.
Gan 14. 197.
Gangue-Paillère 214.
Gaspard (l'ourse) 250.
Gassion (de) 19. 23.
Gaston de Foix 25.
Gaston Phœbus 23.
Gaye (vin de) 38.
Ger (pic du) 14. 64.
Glaciers 41. 42.
Goitreux 24.
Gontaut-Biron (de) 19.
Gorgone 140.
Gramont (promenade) 105.
Grenouille rousse 169.
Gros-hêtre (cascade du) 114.
Guides 82.
Gypaëte barbu 165.
Henri II 25. 29. 30. 31.
Henri IV 19. 33. 60. 71. 106.
Heptaméron 30.
Herborisation (rapport à la Sté B'.) 179.
Héroïne mousquetaire 51.
Horizontale (promenade) 99.
Hormelettes 37
Hôtels 75.
Impératrice (promenade de l') 111.
Izard 246.

TABLE ALPHABÉTIQUE.

Izeste 47. 49. 122.
Jardinier 85.
Jacqueminot (promenade) 109.
Jobaim 27.
Journaux 81.
Jurançon 37. 38.
Laborde (Dort M¹ˢ de) 62.
Laga (fontaine de Bouye) 134.
Laga (poulpe) 170.
Lagopède 141. 213.
Laruns 65.
Lavedan (lac de) 133.
Laressec (cascade de) 120.
Lavedanais 218.
Lazive (pic) 275.
Lecture (Cabinets de) 81.
Lefebvrei 139.
Lettres (poste aux) 80.
Leye 121.
Libraires 81.
Lineata (Deilephila) 127.
Logements 73.
Louctores 64. 234.
Louesque 213.
Louesque (col de) 218.
Louis XIII 21. 39.
Loustau 216.
Louvie-Juzon 48. 51.
Louvie-Soubiron 63.
Luot de la Sentinella 173.
Lurieu (pic de) 252.
Maignabatch 250.
Maisons garnies 75.
Marca 43.
Marguerite de Valois 29.
Marbres (manufactures) de 85.

Médecins 77.
Mendicité 57.
Meyrac 51.
Midi (tous les pics de) 197.
Montaigne 70. 115.
Montcouges 64. 235.
Montagne-verte 274.
Mosaïque (près de Pau) 40.
Mosaïque (de Bielle) 61.
Musique 93.
Musique (instruments ossalois) 56.
Neez (le) 46.
Notre-Dame du bout du pont 32.
Nourriture 74.
Nuça (Martin de la) 225.
Oasis 63. 122.
Observations météorologiques 268.
Oly (pont d') 39
Ossalois 25. 52.
Ossau (costumes d') 53.
Ossau (vallée d') 21. 52.
Ours 231.
Ousilietche (pic d') 141.
Pas de l'ours 232.
Pau 17. 21.
Perez (Antonio) 225.
Pharmaciens 78.
Phœbus (François) 29.
Pianos à louer 84.
Place royale de Pau 48.
Pont-long 25. 52.
Poste aux chevaux 80.
Poulpe 170.
Promenades en voiture 119.
Pyrénées (panorama des) 13.
Rana muta 169.

Rébénac 46.
Renseignements divers 79.
Route de Pau aux Eaux-Bonnes 17.
Sacaze 180. 273.
St-Martin 19. 21.
Sarrière 140.
Saucède (col de) 122. 123.
Sentinella (lac de la) 173.
Serpent (cascade du) 120.
Sévignac 47. 48.
Spath d'Islande 124.
Taillades (pic d'eras) 198. 207.
Talèze (princesse) 70.
Tambouri 56.
Tarif pour la vente de l'eau minérale 89.
Tarif des bains 90.
Télégraphie 80.
Têtards 168.
Tirs au pistolet et à la carabine 85.
Tortes (col de) 64. 123. 202.
Tour de la monnaie 20.
Tour du moulin 20.
Trésor d'Ossau 60.
Urocère 135.
Valentin (cascade du) 117.
Vautour 128.
Vautour des agneaux 165.
Voitures (loueurs de) 83.
Voitures à bras 84.
Yspe 156.

TABLE DES CHAPITRES

CONTENUS DANS LE

Guide des Eaux-Bonnes

PAR J. J.

(1868.)

Préface. — Préparatifs. — Equipement. — Assouste. — Béost. — Espalungue. — Laruns. — Gaston Sacaze. — Bagès. — Montagne verte. — Pic de Lazive. — Asperta. — Balour. — Mont-Couges. — Louctores. — Bouye. — Pic du Ger. — Lacs des Englas, de Duzious et de Lavedan. — Pla-Ségouné, retour par Anouilhas. — Pla-Ségouné, retour par les Englas. — Eaux-Chaudes. — Col de Lourdé. — Lac d'Artouste, par Gabas. — Lac d'Artouste, par le Col de Lourdé. — Lac d'Artouste, par Herrana. — Col d'Aubisque. — Pic du midi d'Ossau. — Turon deoüs Cristaoüs. — Hauteurs des pics et des principaux lieux cités dans les excursions.

Pau, Impr. É. Vignancour.

www.ingramcontent.com/pod-product-compliance
Lightning Source LLC
Chambersburg PA
CBHW071519160426
43196CB00010B/1578